2019년 4월 24일 초판 1쇄

글 이우용
펴낸곳 하다
펴낸이 전미정
책임편집 최효준
디자인 고은미 정윤혜
출판등록 2009년 12월 3일 제301-2009-230호
주소 서울 중구 퇴계로 182 가락회관 6층
전화 02-2275-5326
팩스 02-2275-5327
이메일 go5326@naver.com
홈페이지 www.npplus.co.kr
ISBN 978-89-97170-45-6 03040

정가 16,000원

듣고 싶은 스피치, 간직하고 싶은 스피치

이우용 저

서강대학교 영문학과 교수이면서 가슴 찡한 수필과 칼럼으로 수많은 독자의 사랑을 받던 장영희라는 글꾼이 있었다. 그이가 동료 신숙원 교수의 정년 퇴임식에서 내가 하는 축사를 듣고 투덜댔다고 한다. "경영학 교수가 저렇게 축사를 하면 도대체 우리는 어쩌라는 거야?"라고. 내가 이 책을 내기로 결심하는 데 결정적인 힘이 되어준 한마디였다.

나는 결코 스피치 전문가가 아니다. 스피치에 각별한 관심을 가져본 적도 없었다. 1990년 서강대학교 경영대학원에 최고경영자과정(STEP)을 만들어서 이 과정의 주임교수가 되기 전까지는.

당시 서강대학교 경영대학원 MBA 과정은 이미 자리를 잡아 국내에서는 최고라는 평가를 받고 있었다. 여기에 특수 프로그램인 최고경영자과정을 추가하기로 한 것이다. 여러 가지 이유가 있었지만 가장 중요한 이유는 서강의 짧은 역사와 관련이 있었다. 그때까지만 해도 서강의 역사는 일천했고, 따라서 전체 동문의 규모도 왜소했지만 이른바 성취한 동문의 수는 더더욱 그러했다. 이는 대학 발전의 시각에서 볼 때 큰 핸디캡이었다. 왜냐하면 동문, 그중에서도 성취한 동문의 규모는 대학이 발전하고자 할 때 비빌 언덕의 높이가 되기 때문이다.

서강의 노루 꼬리 역사 문제는 가급적 조기에 풀어야 할 과제였고 이 과제의 빠른 해결책으로 선택한 대안이 바로 최고경영자 과정의 개설이었다. 이 과정에는 대부분 성취한 인사들이 학생으로 참여했으며 이들을 동문으로 만드는 데는 채 5개월이 안 걸렸기 때문이었다.

그러나 이들을 동문으로 확보했다고 해서 저절로 비빌 언덕의 역할을 해줄 거라고 기대하는 데는 무리가 있어 보였다. 이 과정에 오는 인사들 대부분은 다른 대학의 유사과정을 두루 거친 터라 특별히 서강에 배타적인 애정을 가져다준다는 보장이 없었기 때문이었다.

그래서 생각했다. 이들로부터의 관심과 애착을 독점하려면 다른 대안이 있을 수 없다고. 우수한 교육 프로그램을 뚜렷이 차별화된 방법으로 운영하는 것 이외에, 우선 하버드 등 유명대학의 프로그램을 참작하고 여기에 우리 현실을 반영해 최고라고 평가받을 수 있는 교육프로그램을 짰다. 그런 다음 차별화된 운영방법을 찾아 고민하기 시작했다.

이렇게 해서 찾아낸 여러 방법 중 하나가 주임교수가 수강생에게 수시로 하는 멘트의 차별화였다. 하루 일과를 끝내고 수강생들을 집으로 돌려보내며, 강사를 소개하며, 교외 세미나를 시작하고 마무리하며, 원우회 행사를 열며 주임교수는 수시로 멘트 수준의 말을 하게 된다. 이때 주임교수가 수강생들이 귀 기울여줄 말, 기억해줄 말, 그리고 공감해줄 말을 할 수 있다면 수강생들의 만족도를 높이는 데 보탬이 될 거라는 생각이 들었다. 예상은 적중했다. 예컨대 지루한 강의 직후 강의실에 들어가 그날 일정을 마치는 종례를 하면서 조크를 곁들인 멘트를 했을 때 그 반응은 폭발적이었다.

시작은 그러했다. 그리고 이후 나는 서강에서 경영대학원장, 부총장과 대외부총장 자리에 오르고, 정년퇴임 후에는 한국사이버대학교 총장직을 맡게 된다. 이외에도 한국경영학회장을 포함해 3개 학회의 회장, 정부투자기관평가단장, 사이버대학협의체인 한국원격대학협의회의 회장을 역임하게 되었다. 이렇게 맡은 직책에 따르는 책임이 크고 높아지면서 나는 멘트가 아닌 스피치를 해야 했다.

다행히 내가 멘트 수준의 말을 시작하면서부터 청중이 귀 기울여주고, 기억해주고, 공감해줄 말을 할 수 있도록 노력했던 덕분에 스피치를 해야 하는 상황에서도 당황하는 일은 없었다. 아니, 매번 스피치를 할 때마다 '인상적이었다'는 반응에 고무되곤 했다.

스피치해온 것들을 책으로 엮어보자는 결정을 내린 뒤 흄스

(James C. Humes)가 쓰고 이채진이 옮긴 『링컨처럼 서서 처칠처럼 말하라』라는 책을 읽었다. 이 책은 이상적인 스피치를 하기 위한 가이드라인을 제시해주고 있다. 내가 지금껏 해온 스피치들이 이 가이드라인을 벗어나지 않았음을 확인했다. 이 책을 펴내는 일에 오만할 정도의 자신감이 붙었다. 참으로 다행이다.

이 책을 읽어줄 독자에게 두어 가지 일깨워주고 싶다. 무엇보다도 여기 실린 글은 에세이가 아니라 스피치다. 따라서 억양, 소리의 강약 및 속도 등을 더해서 읽어야 제맛이 날 것이다. 읽는 내내 청중을 의식하면서 말이다. 다음으로, 여기 포함된 스피치 중 상당수는 오래전에 말한 것이다. 당시 상황을 연상하며 읽어야 무리가 덜할 것 같다.

이 책을 펴내는 데 이웃의 도움이 절실했다. 다행히도 서강대학교 신문방송학과 나은영 교수가 선뜻 나서서 이론적인 길라잡이가 되어주었다. 고마웠다. 실무 차원에서는 서강대학교 박사과정에 있는 박민영 선생이 많은 도움을 줬다. 내 나이에서 유래하는 온갖 오류를 바로잡아주었다. 책임감을 가지고 일하는 모습이 보기에 아름다웠다.

2019년 4월
이우용

차례

1

서강대학교 STEP 주임교수로서
말하다

Branches with Almond Blossom. oil on canvas. Vincent Van Gogh, 1890

제1편에는 스피치라기보다는 가벼운 멘트들을 실었다.
이 멘트들은 강의실에서 혹은 강의실 밖 학교행사에서
최고경영자과정 원우들을 대상으로 한 것이다.

앞쪽 세 개의 멘트에서는 유머를 활용했다.
우리네 한국 사람들은 유머를 활용하는 데 익숙하지 않다.
선진국 사람들은 장례식에서 조사를 하면서까지
유머로 분위기를 쥐락펴락하는데 말이다.

유머는 청중으로 하여금 화자에게 집중하도록 만들고
분위기를 밝게 만드는 데 효과적이지만 위험이 전혀 없는 것은 아니다.
유머를 무분별하게 사용하면 스피치의 품위를 떨어뜨리고
화자의 신뢰도를 경감시킬 수 있다.

나머지 네 개의 멘트는
최고경영자과정 총동문회 조찬 특강에 연사를
초빙하고 이들을 소개하면서 했던 멘트들이다.
연사를 소개할 때 과장하지 않는 범위 내에서
그들을 한껏 띄워야 한다는 게 내 지론이다.
그렇게 했을 때 연사의 사기가 올라감은 물론 연사에 대한
청중의 신뢰도가 높아지고
강의 분위기 또한 진지해지는 것을 자주 목격했기 때문이다.

지루한 강의 뒤 분위기 전환을 위해 1

···   거의 병적으로 오토바이 타기를 즐기던 한 친구가 있었습니다. 그런 그도 겨울 동안은 추운 날씨 때문에 동면할 수밖에 없었죠. 이번 겨울도 예외는 아니었습니다. 그런데 2월 중순 즈음이던 어느 날이었습니다. 겨울 날씨치고는 퍽이나 포근했습니다. 그는 오늘이다 싶어서 오토바이를 몰고 나가 탁 트인 도로를 달리기 시작했습니다. 그렇게 10분 정도를 달릴 무렵 그는 고민하기 시작했습니다.

"이러다가 감기라도 드는 건 아닐까? 그만 집으로 돌아가야 하는 건 아닐까?"

아직은 겨울인 데다가 달리는 속도 탓에 체감하는 온도는 예상보다 훨씬 더 낮았기 때문입니다. 특히 가죽점퍼 위쪽 앞섶을 파고드는 찬바람이 문제였습니다.

그는 오토바이를 길가에 세웠습니다. 우선 앞섶으로 들어오는 찬바람만이라도 처치하기 위해서였습니다. 그는 지퍼를 내리고 점퍼를 벗었습니다. 그리고 지퍼가 달린 앞면이 등으로 가고, 등이 앞쪽으로 오도록 점퍼를 돌려 입었습니다. 그리고는 다시 오토바이에 올라 달리기 시작했습니다. 앞섶으로 들어오던 바람은 거의 완벽하게 차단되었고 그의 고민도 훨씬 누그러졌습니다.

그러나 이 때문에 그는 과속하게 되었고 그렇게 채 300여 미터도 가기 전에 옆길에서 뛰쳐나온 택시와 충돌하고 말았습니다. 택시에 부딪힌 이 친구는 튀어 올라 공중돌기를 몇 바퀴 한 뒤 도로 옆 조경수 위로 떨어졌습니다. 택시기사가 서둘러 택시에서 나와 오토바이 운전자가 떨어져 있는 곳으로 달려갔습니다. 오토바이 운전자는 혼수상태였지만 상처는 예상보다 그리 심해 보이지는 않았습니다. 아마도 그가 조경수 위에 떨어졌기 때문이라고 생각했습니다.

택시기사는 오토바이 운전자를 우선 병원으로 데려가야겠다고 생각해서 부상자를 택시 뒷자리에 태우려는데, 부상자의 석연치 않은 모습이 눈에 들어왔습니다. 부상자의 목이 180도 돌아간 것이었습니다. 택시기사는 순간적으로 판단했습니다.

'다른 조치야 병원 응급실에 도착한 후 의사들이 알아서 하겠

지만, 일단 돌아간 목은 제자리로 돌려놔야 하지 않겠는가?'

그렇게 소신대로 응급처치한 후 기사는 부상자를 가장 가까운 대학병원으로 데려갔습니다.

부상자를 두루 검진한 응급실 의사가 말했습니다.

"이 환자는 병원에 도착하기 전 이미 사망했습니다. 사인은 질식사입니다. 목이 뒤틀려 숨통이 막혔던 것으로 추정됩니다."

STEP 원우 여러분! 귀갓길 운전 조심하십시오. 특별히 오토바이 조심하시고요. 오늘 일과를 모두 마칩니다. 안녕히 돌아가세요.

조크를 이용한 멘트 2

지루한 강의 뒤 분위기 전환을 위해 2

··· 　　　방배동에 어떤 은행 지점이 있었습니다. 이 지점이 입주해있는 건물은 복층 구조로, 지점장실은 위층에 있었습니다. 그리고 지점장실에서는 유리창을 통해 1층의 출납창구를 내려다볼 수 있었습니다. 지점장은 요즘 다소 부진한 실적 탓에 출납창구를 살피는 빈도가 늘어났습니다.

그러던 어느 날, 지점장은 출납창구에 주목할 만한 일이 벌어지고 있음을 감지했습니다. 어느 고객이 거의 매일 창구를 찾아올 뿐 아니라 매번 적지 않은 금액을 예치하고 가는 듯 보였던 것입니다. 지점장은 창구의 직원을 지점장실로 불러 물었습니다. "고객 하나가 창구를 거의 매일같이 찾아와 상당 금액을 예치하고 가는 듯한데 그게 사실인가?" 직원은 그렇다고 대답했습니다. "그렇다면 우리 지점으로서는 중요한 고객이니 지점장인 내가 차라도 대접하며 감사를 표해야 하지 않겠어? 내일이든 모레든 고객이 다시 오면 지점장실로 안내하게나."

바로 다음 날 창구 직원이 그 고객의 예금을 처리하자마자 그를 지점장실로 안내했습니다. 지점장은 고객을 맞이하며 우선 고마움을 표했습니다. "저희 지점을 그렇듯 아껴주셔서 참으로 감사합니다." 고객이 말했습니다. "지점이 제 돈을 맡아 잘 보관하고 관리해주시니 제가 오히려 고마워해야죠." 이러한 인사말이 오간 후 지점장이 고객에게 말했습니다.

"실례되는 질문인 줄 알지만 한 가지 여쭤봐도 되겠습니까?"

"제가 지점장님께 특별히 숨길 일이 있겠습니까? 물으시지요."

"거의 매일 적지 않은 금액을 예금하신다는데, 이건 상식적으로 이해가 되는 일이 아니지 않습니까? 어떻게 그 돈을 만드시는지 혹 비법이 있다면 꼭 좀 알고 싶습니다."

이 질문을 받은 고객이 잠시 머뭇거리는 듯하더니 "그 비결이라는 게 뭐 대단한 것도 아닐뿐더러 그렇게 간곡하게 청하시니 말씀드리도록 하죠. 사실 제가 내기를 좋아합니다. 그래서 거의 매일 내기를 하는데 십중팔구 제가 이깁니다. 그러니까 제가 예금하는 돈은 내기에서 딴 돈입니다."

이 말을 들은 지점장이 의자를 고객 쪽으로 당겨 앉으며 더욱

더 간절하게 청했습니다. "선생님. 제게 그 비결을 좀 전수해주시죠. 제가 은행 지점장으로 하루에 수백억을 굴리지만 그게 어디제 돈입니까. 그리고 지점장 월급이라는 게 아시겠지만 보잘것없습니다."

"알겠습니다. 그렇다면 그 비결을 말씀드릴 텐데, 말로 설명하는 것보단 지점장님과 제가 내기 실습을 해보는 게 이해하시는 데더 도움이 될 겁니다. 하지만 이 내기는 어디까지나 학습 목적으로 하는 것이니 큰돈은 걸지 않는 것으로 하죠. 금액은 30만 원 정도가 좋겠습니다. 그리고 내기 조건은 이것입니다. 오늘이 화요일인데 목요일 오후 5시까지 지점장님의 고환이 박스처럼 정방형으로 모양이 변할 거라는 것입니다. 목요일 오후 5시에 점검하여 고환이 여느 때처럼 둥그스름하게 늘어져 있으면 제가 지점장님께 30만 원을 드리고 고환이 네모반듯한 박스모양으로 변해 있으면지점장님이 제게 30만원을 주는 겁니다."

이 제안을 받은 지점장이 생각건대 큰 무리가 있어 보이지 않았습니다. 그 비법을 습득하면 거금을 챙길 수 있을 것이니 30만원 정도의 수업료는 결코 과하지 않다는 생각이 들었고, 무엇보다도 자기 고환이 50여 평생 단 한 번도 네모나 본 적이 없는 터라 잘하면 내기에서 이길 수도 있겠다는 판단까지 들었기 때문이었습니다. 지점장이 학습을 위한 내기에 기꺼이 동의하자 고객은 알았노라며 자리를 떴습니다.

그런데 지점장은 다음날인 수요일 아침 출근해서부터 내기에 대한 생각이 새록새록 떠오르면서 불안해지기 시작했습니다. 상대가 누군가? 내기에서 8~9할의 승률을 기록하는 최고수가 아닌가. 지점장은 허리춤에 손을 넣어 고환을 점검하기 시작했고 그 빈도는 시간이 갈수록 잦아졌습니다. 퇴근 무렵에는 바지에 손을 넣어 촉진하는 것도 믿음직스럽지 않아 아예 화장실에 가서 바지를 내리고 육안으로 살폈습니다. 다행히 아무런 이상이 없었습니다.

　　드디어 목요일 결판의 날이 돌아왔습니다. 이날은 전혀 일이 손에 잡히지 않았습니다. 촉진과 눈으로 확인하는 일을 거듭하였고, 그러면서 결판의 시간인 오후 5시가 가까워졌습니다. 지점장의 불안은 극에 달했으며 마침내 벽에 걸려있던 거울을 떼어 바닥에 눕혀놓고 바지를 내린 다음 거울 위에 걸터앉았습니다. 마지막 점검을 하기 위해서였습니다. 긴장 탓인지 그날따라 지점장의 고환은 동그랗게 올라붙어 있었습니다. 지점장은 이렇게 마지막 점검을 끝내고 손님 맞을 준비를 했습니다.

　　오후 5시 5분 전이 되자 내기 상대인 고객이 지점장실에 들어왔습니다. 그런데 그는 웬 낯선 사람 하나를 동반해서 왔습니다. 지점장이 의아해하자 고객이 설명했습니다. "오늘 내기는 지점장님의 고환이 네모났는지에 대한 것 아닙니까? 그런데 그 결과에 대해 지점장님과 저의 판단이 다를 때 이를 객관적으로 판단해줄 사람이 있어야 하지 않습니까? 그러니까 심판으로 이분을 데려온 것입니다." 지점장이 생각해도 고객의 말에 일리가 있어 보였습니다. 그러는 동안 5시 정각이 되었습니다.

"자, 지점장님 바지를 내리시지요. 점검할 시간입니다." 지점장이 바지와 팬티를 내리자 고객이 다가와 지점장의 고환을 조심스럽게 두 손바닥에 받혀 올린다음 심판에게 보였습니다. 그리고 심판에게 확인했느냐는 눈빛을 보내자 심판은 고개를 끄덕여 응답했습니다. 고객이 지점장을 올려다보며 말했습니다.

"지점장님이 이기셨습니다. 어느 때보다도 동그랗게 올라 붙어있지 않습니까? 제가 졌으니 30만 원을 드려야죠. 여기 있습니다." 그런데 지점장에게 30만 원을 건넨 고객이 심판 쪽으로 가자, 심판이 고객에게 돈뭉치를 건네는 것이었습니다. 고객이 그 돈뭉치를 받아들고 다시 지점장 앞으로 와서 말했습니다.

"지점장님. 이거 300만 원입니다. 창구 직원 좀 불러 제 계좌에 예금해주시죠." 지점장이 의아해하며 고객에게 물었습니다.

"나에게 30만 원 주신 것은 내기 때문이라고 치고, 저 심판한테서 300만 원을 받으신 건 도통 이해가 안 되네요."

"아, 300만 원이요. 사실 제가 지난 화요일 지점장님과 30만 원짜리 내기를 한 후, 은행을 나가자마자 저 심판과 다시 내기를 했죠. 그 내기 조건은 오늘 5시에 심판이 보는 앞에서 지점장님의 고환을 만져보겠다는 것이었습니다. 점잖은 은행 지점장님의 고환을 공개리에 만지는 일이 결코 쉬운 일이 아니지 않습니까? 그래서 건 돈이 300만 원이었습니다."

STEP 동문 여러분. 지금까지 수강한 경영학 강의에서 도움 좀 받으셨습니까? 이 과정이 끝날 때 즈음은 되어야 여러분 회사의 매출과 수익을 챙길 수 있는 지혜를 터득하게 될 겁니다. 그때까지는 내기로 버텨보세요. 오늘 일과를 마감합니다. 안녕히 돌아가세요.

듣고 싶은 스피치, 간직하고 싶은 스피치

조크를 이용한 멘트 3

골프모임 후 원우들을 격려하기 위해

···　　　　친구들끼리 한 팀으로 골프를 치고 있었습니다. 8월 한복판이라 날씨가 찜 쪄 먹게 더웠습니다. 여섯 홀을 쳤을 때 그늘집이 기다리고 있었습니다. 그늘집으로 들어간 일행은 서둘러 맥주를 주문했습니다.

　맥주로 몸을 식힌 일행이 그늘집을 나와 일곱 번째 홀 티박스에 섰습니다. 전 홀의 성적순으로 티샷을 날렸습니다. 그런데 세 번째로 티박스에 오른 박 사장에게 문제가 생겼습니다. 술이 약한 박 사장이 비명을 질렀습니다.

　"어! 이거 공이 둘로 보이는데 어떤 공을 쳐야하지?" 술꾼인 김 사장이 숨겨온 맥주 한 캔을 박 사장에게 건네며 "이거 원샷해

봐."라고 말했습니다.

"그렇지 않아도 취해서 둘로 보이는데 더 마시라고?"

"잔말 말고 마셔봐."

박 사장이 그 맥주 캔을 받아 비우자 김 사장이 물었습니다.

"이제 몇 개로 보이나?"

박 사장이 눈을 껌뻑이고 나서 짜증 섞인 목소리로 대답했습니다.

"한 개가 더 늘어 이제 세 개로 보이잖아."

"그럼 되었네. 가운데 공을 쳐."

오늘 우리 원우들 중에는 이런 어려움으로 스코어를 망친 분이 없으리라 믿습니다. 그러나 스코어가 아무려면 어떻습니까. 원우회장단이 골프모임을 주선한 이유는 오로지 길동무로 여러분을 결속하기 위해서가 아니었겠습니까? 인생행로에서 빨리 가려면 혼자 가야 하지만 멀리 가려면 같이 가야 한답니다.

오늘의 더운 날씨도 이 목적을 달성하는 데 일조했을 것이 분명합니다. 왜냐하면 우정은 역경을 헤치면서 더욱 단단하게 다져지니까요. 오늘 행사가 아름답게 마무리되어가고 있어서 얼마나 흐뭇한지 모르겠습니다.

감사합니다.

의사결정에 실패했던 로널드 레이건

...　　　오늘 일정을 보니 마지막 강의가 의사결정에 관한 것이 었네요. 오늘 강의해주셨던 교수님으로 말하면 워낙 똑 떨어지는 강의를 하시기로 정평이 나 있는 분입니다. 원우 여러분들도 만족하셨을 거라고 확신합니다. 강의를 듣는 동안 졸지 않으셨다면 말이죠.

요즘 미국 대선이 한창입니다. 역대 대통령 중에 가장 인기가 많았던 대통령을 거론할 때마다 빠지지 않는 대통령이 한 분 있죠. 다름 아닌 로널드 레이건 대통령입니다. 언변이 뛰어나고 지혜로우며, 따뜻하지만 단호했기 때문입니다.

로널드 레이건이 5~6세 무렵, 소년이었을 때의 일입니다. 론

(로날드)은 유난히도 자신을 귀여워해주던 숙모를 따라 구둣방에 갔습니다. 숙모가 론에게 구두를 맞춰주기 위해서였죠. 구둣방 주인이 두 가지 구두 견본을 론에게 보여주며 둘 중 어느 것이 좋겠느냐고 물었습니다. 하나는 코 부분이 둥글었고 다른 하나는 뾰족했습니다. 어린 론은 망설이기 시작했습니다. 그리고 5분, 10분, 20분이 지나도록 끝내 결정하지 못했습니다. 드디어 구둣방 주인이 말했습니다. "결정하기가 쉽지 않은 모양이구나. 그럼 아저씨가 알아서 만들어줄게. 일주일 뒤에 와서 찾아가거라."

일주일 뒤 구둣방을 다시 찾은 론과 숙모는 크게 당황하지 않을 수 없었습니다. 아니, 경악했습니다. 왼발에 신어야 할 구두코는 동그랗고 오른발 구두코는 뾰족했습니다. 소년 레이건은 뼈에 사무치도록 깨닫게 됩니다. 스스로 결정하지 못하고 그걸 남에게 의탁했을 때 어떤 비극적인 결과가 오는지를. 레이건 대통령이 누구보다도 현명하고 선명한 결정을 내릴 줄 아는 대통령으로 성장한 것은 결코 우연이 아니었습니다.

지금까지 제가 애써 말씀드린 레이건 대통령의 일화를 머릿속에 담아둘 것인지, 아니면 지워버릴 것인지는 여러분이 결정하실 문제입니다. 지워버리기로 마음먹으신다면 자칫 당혹스러운 상황을 맞게 되실지 모릅니다. 메뉴판을 가져다주고 "무엇을 드시겠습니까?"라고 묻는 웨이트리스에게 "아무거나 줘요."라고 답하게 될지 모릅니다. 그래서 "메뉴판을 보면 아시겠지만 우리 식당에 '아무거나'라는 메뉴는 없는데요."라고 면박을 당하실지도 모르고요.

오늘 일과는 이것으로 마감하겠습니다. 안녕히들 돌아가십시오.

감사합니다.

김대중 대선후보를 연사로 소개하며

···   일본이 낳은 경영의 귀재 마쓰시다 고노스케 회장에게 한 기자가 성공의 비결이 무엇이었는지를 물었습니다. 질문을 받은 고노스케 회장은 그 기자에게 되물었습니다.

"기자 선생! 선생은 비가 올 때 어떻게 하나요?"

"당연히 우산을 쓰지요."

"그렇습니다. 비 올 때 우산을 쓰는 건 상식이고 그 상식을 소신껏 차질 없이 실행해가는 것이 내 성공의 비결입니다."

지금 우리 정치에 장대비가 내리고 있습니다. 지금 우리 경제에는 장마가 시작되었습니다. 그리고 우리 외교에는 먼지로 잔뜩 오염된 비가 내리고 있습니다. 지금 우리 국민들은 걸출한 지도자의 출현을 학수고대하고 있습니다. 국민들에게 넓고 새지 않는 우산을 받쳐줄 지도자를 말입니다. 비 올 때 우산을 필요로 하는 것은 상식이니까요.

오늘 제1야당의 당수를 모시는 영광을 갖게 되었습니다. 이분은 우리 민주주의가 20년 가까운 장마로 훼손될 위기에 처했을 때 우산이 되어 이를 보호했던 분입니다. 그래서 우리 국민의 상당수가 이분을 흠모합니다. 그러나 헝클어진 우리 정치와 관련해서 이분이 져야 할 책임의 몫도 적지 않다고 봅니다. 왜냐하면 이분은 이 나라 지도자이며 제1야당의 총수이기 때문입니다. 오늘 아침 김대중 총재께서는 우리 정치, 경제, 외교를 뒤덮고 있는 먹구름을 걷어낼 비법과 관련해서 자신의 비전과 소신을 말씀해주실 것입니다.

'홍수에 먹을 물이 귀하다'는 속담이 있습니다. 오늘 어느 때보다도 많은 STEP 동문들께서 참석해주셨습니다. 모두 심한 갈증을 안고 오셨을 것입니다. 하나같이 답답해서 오셨을 겁니다. 연사의 말씀을 듣는 동안 그 일부만이라도 해소되기를 바랍니다. 연사로 나와 주신 김대중 총재님을 환영해주시기 바랍니다.

김종필 대선후보를 연사로 소개하며

··· 정훈이 지은 시조 중에 '벽오등'이라는 제목을 달고 있
는 시조가 있습니다.

벽오동 심은 뜻은

봉황을 보자는 것

올 님은 아니 오고 바람만 거세구나

죽실(竹實)도 거의 졌으니

올지 말지 하여라

예부터 풍류를 아는 선비는 뜰 안팎에 매란국죽(梅蘭菊竹)을

심어 이들의 단아한 기품과 절개를 배웠습니다. 이 밖에도 짜임새 있는 정원에는 벽오동을 가꾸는 것이 상식이었습니다. 정훈의 시는 봉황을 보기 위해서였다고 강변하지만 사실 그보다 더 현실적이고 절실한 이유가 있었습니다. 첫째, 오동은 가볍고 결이 예쁜 목재여서 자녀의 혼사에 대비하는 방편이 되었고 둘째, 가을이 왔을 때 특유의 큰 잎을 떨구어 선비와 농부로 하여금 계절의 변화를 깨닫고 이에 대비하도록 했기 때문입니다.

가을이 왔음은 한 해가 저물고 있음을 의미합니다. 매서운 겨울이 머지않았음을 예고합니다. 저는 요즘 우리나라 국운에 가을이 온 것이 아닌가 하는 우려와 불안을 자주 느낍니다. 경제, 외교, 국방 어느 하나도 안도감을 주는 분야가 없습니다.

최근에 흥미 있는 책 한 권이 나왔습니다. 한국 정치에 조예가 깊은 주한미국대사관 직원이 저술한 책인데, 그 책은 한국의 가장 유능한 정치인으로 김종필 총재를 꼽고 있습니다. 오늘 우리는 바로 그 유능한 정치인을 모시고 이 나라 앞날에 관해서 들을 수 있는 행운을 갖게 되었습니다.

유능한 정치인이란 누구일까요? 영국의 명재상이자 스스로 유능한 정치가였던 윈스턴 처칠은 "유능한 정치인이란 내일, 내주, 내달, 내년에 무슨 일이 일어날지 예측하는 능력과 후일 그 예측이 맞지 않았을 때 그 이유를 무리 없이 설명할 수 있는 능력을 함께 갖춘 사람이다."라고 말하였습니다. 이는 정치인의 불신성(不

信性)을 풍자한 말로 해석할 수 있습니다. 그러나 정치인이 예측 능력을 갖추는 것도 중요하지만 예측은 불가피하게 어느 정도의 오차를 수반하고 있음을 말한 것으로도 이해할 수 있겠습니다. 유념하시기 바랍니다.

지금부터 정치인 김종필 대통령 후보를 모시고 이 나라의 오늘과 내일에 대한 이분의 고견을 듣도록 하겠습니다. 김 후보님을 연단으로 모시겠습니다.

듣고 싶은 스피치, 간직하고 싶은 스피치

초청연사 소개 멘트 3

김동길 교수를 연사로 소개하며

...　　　친구 사이인 곤충학자와 기업체 사장이 오랜만에 만나 회식을 한 다음 더부룩한 배도 꺼트릴 겸 밤길을 걸었습니다. 초겨울 밤이라서 그런지 귀뚜라미 소리가 여기저기서 들려왔습니다. 곤충학자가 사장인 친구에게 물었습니다. "자네 저 소리 들리나?" 사장이 대답했습니다. "무슨 소리 말인가? 내게는 아무 소리도 안 들리는데?"

곤충학자는 별말 없이 한참을 더 걷다가 짐짓 주머니에 있는 동전 한 닢을 떨어뜨렸습니다. 그랬더니 사장인 친구가 즉각 반응을 보였습니다. "이봐! 자네 동전 떨어뜨렸어." 사장은 그렇게 말하면서 허리를 굽혀 떨어진 동전을 주웠고 주운 동전을 주인에게 건넸습니다.

동전 소리만 듣고 귀뚜라미 소리를 못 듣는 이 기업인을 어떻게 생각하시나요. 선진국의 지성은 그들의 직업과 상관없이 교향악과 오페라를 감상합니다. 발레와 연극을 즐깁니다. 시와 소설을 탐독합니다. 문학과 예술이 사람을 바르고 따뜻하게 가꿔준다고 믿기 때문입니다. 문학과 예술이 상상력과 창의력까지도 북돋아 준다고 믿기 때문입니다.

저는 오래전부터 여러분 모두가 동전 소리에 더해 귀뚜라미 소리도 듣는 경영자이기를 바랐습니다. 이런 염원은 STEP 교과과정 곳곳에 스며있습니다. 오늘 모신 연사도 여러분이 귀뚜라미 소리까지 들을 수 있도록 감수성의 지평을 활짝 열어주실 분입니다. 김동길 교수님은 예술과 문학은 물론 역사와 철학에도 통달하신 이 시대 최고의 지성이십니다.

오늘 여러분은 이분의 강의를 듣는 행운을 가지셨습니다. 경청해주시기 바랍니다. 김 교수님을 모십니다.

2

서강 경영대학원 원장으로
스피치하다

The Langlois Bridge at Arles with Women Washing. oil on canvas. Vincent Van Gogh, 1888

제2편에 소개하는 스피치 역시 최고경영자과정 원우들이 청중이었다.
그러나 듣는 사람들이 원우 전체였던 경우,
원우 부부였던 경우, 여성 원우였던 경우로 각각 달랐다.

각각의 청중그룹에 어울리는 예화나
이야깃거리를 찾아내는 게 중요하다 싶었다.
예컨대 부부가 청중인 경우는
영화 〈셰년도어〉의 "사랑하는 것이 좋아하는 것만 못하다"는
명대사를 둘러싼 스토리가,
여성 원우들만을 대상으로 말할 때는
꽃정원 부차트가든에 얽힌 이야기가 적절할 것으로 생각했다.
예상은 적중했다. 반응이 매우 좋았다.

12월 달력 마지막 장을 오 헨리의 『마지막 잎새』에 비유해
망년과 신년의 행운을 빈 스피치와
올림픽 메달리스트들이 느끼는 행복감의 수준에 관한 연구결과를
인용해서 행복의 주관성과 통제가능성을 말한 것도
어느 스피치 못지않게 환영을 받았다.
과학적 연구결과를 인용했을 때,
무엇보다도 스피치의 신뢰도가 수직상승함을 확인했다.

망년회 오프닝 스피치

내년에도 마지막 잎새의 행운이 여러분에게 함께하기를

···　　　뉴욕의 예술인 마을에 사는 가난한 화가 존시가 폐렴에 걸려 병석에 눕게 됩니다. 병세는 날로 악화되고 드디어 삶에 대한 의지도 잃어갑니다. 어느 때부터인지 그는 무언가를 거꾸로 세기 시작합니다. 열둘. 열하나. 열··· 창문 밖 건너편 담쟁이 넝쿨에 남아있는 잎을 세는 겁니다. 존시는 생각했습니다. 담쟁이 잎이 모두 떨어지는 날 자기의 목숨도 다할 것이라고.

　그러던 어느 날 밤, 비바람이 세차게 몰아칩니다. 그리고 존시는 확신합니다. 오늘이 바로 그 마지막 날이 될 거라고. 남은 잎들이 저 사나운 비바람을 이길 수는 없을 거라고 판단했기 때문이었죠.

그러나 다음 날 아침 아직 살아있는 스스로를 발견합니다. 그리고 창문을 통해 그 비바람을 이기고 줄기에 꿋꿋이 붙어 있는 잎새 한 장을 보게 됩니다. 그 잎은 그다음 날도 그다음 날도 떨어지지 않습니다. 존시는 이 마지막 잎새로부터 삶에 대한 강한 의지를 보게 되었고, 이로 인해 마침내 병마로부터 회생하게 됩니다. 그리고 뒤늦게 그는 알게 됩니다. 그 마지막 잎새는 실제 잎새가 아니라 아래층에 살던 노 화가가 비바람 몰아치던 날 존시를 응원하고 격려하기 위해 담벼락에 그려 넣은 것임을.

줄여 이야기하면, 단편 오 헨리의 『마지막 잎새』는 병들어 절망하고 있던 주인공 존시가 이웃 노 화가가 그려 넣은 마지막 잎새에 고무되어 병마를 이겨낸다는 줄거리를 담고 있습니다. 그러니까 그 마지막 잎새는 활력과 희망의 잎새였던 겁니다.

원우 여러분! 우리는 지금 올해의 막바지에 와 있습니다. 안방 벽에 12월 달력 한 장이 마지막 잎새처럼 덩그러니 남아 있을 것입니다. 저 마지막 달력 한 장이 우리 STEP 동우 여러분 모두에게 오 헨리의 마지막 잎새가 되기를 바랍니다. 활력과 희망이 되기 바랍니다.

그래서 다가오는 한 해가 보다 많은 것을 성취하시는 한 해가 되기를 간절히 소망합니다. 성취하신 것을 이웃과 나누어 갖기로 하신다면 보람에 더해 행복까지 가지실 수 있을 겁니다.

감사합니다.

꼴찌도 행복할 수 있다

··· 　　미국 일리노이주립대학교에 에드 디너라는 교수가 있습니다. 그는 행복에 관한 한 세계적인 권위 중 한 사람입니다. 그는 자주 말하곤 했습니다. "돈, 명예, 지위 자체가 행복이 될 수 없으며 행복이 이것들에 묻어오는 것도 아니다. 행복은 이것들과 상관없이 우리가 발견하고 만들어가는 것이다."

　　미국 코넬대학교 심리학팀이 1992년 하계 올림픽 메달리스트들을 대상으로 흥미로운 조사에 착수합니다. 메달 색깔과 수상자들이 느끼는 행복 크기의 순위가 일치하는가를 규명하기 위한 조사였죠. 금메달을 딴 선수가 가장 행복하고 은메달을 딴 선수가 그다음, 그리고 동메달을 딴 선수가 가장 적게 행복감을 느꼈을까요? 메달리스트 중 금메달리스트는 최고의 행복 점수를 획득했지만 놀랍게도 은메달리스트와 동메달리스트들의 행복점수는 예상과 달랐습니다. 즉 은메달리스트들의 평균 행복점수는 10점 만점에 4.8점, 동메달리스트들의 평균 행복점수는 7.1점이었던 것입니다.

왜 동메달리스트들이 은메달리스트들보다 더 높은 수준의 행복감을 느꼈을까요? 에드 디너가 찾아낸 이유는 이렇습니다. 은메달리스트들은 자기 성과를 금메달리스트들의 그것과 비교하는 한편, 동메달리스트들은 메달 획득에 실패한 선수들과 성과를 비교하기 때문이라는 것입니다. 즉 성과를 누구와 비교하느냐에 따라 행복의 질량이 달라지는데, 비교 상대를 선택하는 것은 바로 '나'인 것입니다.

STEP 동우 여러분! 오늘 여러분들은 네 명씩 조를 이루어 골프를 치셨습니다. 네 분 중 여러분의 스코어는 어떠했나요? 1등이셨습니까, 2등이셨습니까, 3등이셨습니까, 그도 아니면 4등이셨나요? 믿으십시오. 점수상의 순위는 비록 3등, 4등이었을지라도 여러분이 느끼는 행복감의 수준은 1등 또는 2등이었을 수도 있습니다. 여러분의 성적을 누구와 비교하느냐에 따라서 말입니다.

그런데 말입니다. 오늘 라운딩을 하신 우리 원우 모두가 성적과 상관없이, 단 한 사람의 예외도 없이 풍만한 행복감을 만끽할 수 있습니다. 그것은 어렵지 않습니다. 이 청명하고 온후한 날씨에 이 좋은 골프장에서 골프를 칠 수 없었던 사람들과 여러분들을 비교하시면 됩니다.

오늘 우리 모두는 행복합니다. 그럴 수 있도록 애써주신 원우회 회장님, 총무님께 치하의 말씀을 드립니다.

감사합니다.

듣고 싶은 스피치, 간직하고 싶은 스피치

부부세미나를 열며

사랑하는 것은 좋아하는 것만 못하다

…　　　원우 여러분! 그리고 배우자 여러분! 경주까지 오시는 동안 지루하지 않으셨는지 묻지 않겠습니다. 기차가 서울을 출발하고부터 내내 객실에 웃음소리가 그치지 않았었으니까요. 피곤하시지 않으냐고 묻지도 않겠습니다. 여러분은 어느 때보다도 활기에 차 있습니다. 여러분은 수학여행을 떠나 온 중학생 같습니다. 단지 서울로 돌아가는 길은 즐거울 뿐 아니라 뿌듯하기까지 했으면 좋겠습니다. 부부세미나가 진행되는 경주에서의 사흘이 그렇게 될 수 있을 만큼 알차고 의미 있는 시간이 되기를 바랍니다.

연세로 미루어 짐작하건대 아마도 여러분 중 3분의 2 정도는 영화 〈쉐난도〉를 보셨을 것입니다. 꽤나 인기 있던 영화였죠. 이

영화에 이런 장면이 나옵니다. 미국 버지니아주 쉐난도 벨리에 사는 앤더슨 씨에게 샘이라는 청년이 찾아옵니다. 청년은 그의 딸 제니와 결혼할 수 있도록 승낙해 주기를 청합니다. 앤더슨 씨는 그 청년에게 묻습니다. "자네는 왜 내 딸과 결혼하려 하는가?" 청년이 대답합니다. "저는 따님을 사랑합니다." 앤더슨 씨가 다시 말합니다. "사랑은 결혼의 충분한 이유가 되지 못한다네. 좋아한다면 모르지만."

그렇습니다. 사랑하는 것과 좋아하는 것은 다릅니다. 사랑(loving)은 동물적 욕구에 근거한 남녀 간의 이끌림입니다. 그래서 사랑의 지속기간은 3년이 고작이라는 겁니다. 이것은 사랑학 전문가 헬렌 피셔 박사의 주장입니다. 반대로 좋아함(liking)은 취미, 정서, 가치관 같은 내면의 특성에서 우러나는 매력에 기인하기 때문에, 그 바탕이 넓고 깊어 훨씬 더 내구적이라는 게 전문가의 말입니다. 노벨 문학상을 받은 프랑스 작가 앙드레 지드도 좋아함을 받는 것이 사랑받는 것보다 더 중요하다고 말해서 다른 전문가들과 뜻을 같이합니다.

그렇다면 좋아함을 받는 비결은 무엇일까요? 한마디로 인품을 다듬어야 합니다. 인품은 인간으로서의 향기를 말하죠. 하지만 인품 또는 품격을 다듬어 높이는 일은 쉽지 않습니다. 그렇다고 불가능한 건 물론 아니고요. 품격을 쌓는 게 쉽지 않은 이유는 첫째, 이를 결정하는 요인이 다양하기 때문입니다. 취미, 정서, 가치관 외에도 지성, 도덕성도 품격과 관련이 있습니다. 그리고 이 요인 하나하나를 개선하고 축적해가기 위해서는 긴 시간이 필요하다는 것이 두 번째 이유입니다.

원우 그리고 배우자 여러분! 품격을 쌓는 일이 어렵다고 해서 실망하지는 마십시오. 무엇보다도 서강 최고경영자 원우로 선발되신 분들이라면, 그리고 그분들의 배우자라면 이미 높은 수준의 품격을 소유하고 있으실 거니까요.

그리고 품격의 중요한 특성 중 하나가 연동적, 연계적이라는 점도 여러분이 안도해도 괜찮은 이유입니다. 즉 품격에 영향을 미치는 어느 요인 하나를 높이면 다른 요인도 따라서 함께 높아지는 경향이 짙다는 것입니다. 예컨대 지성을 높이면 취미, 정서, 가치관, 그리고 도덕성에 까지도 긍정적인 효과를 미칩니다. 예컨대 미술과 문학에 대한 지식은 이들에 대한 친근감과 애정으로 발전하고, 그러면서 우리의 정서를 바꾸게 됩니다. 따뜻하고 곧게 말입니다. 그리고 심지어는 상상력을 자극하고 창의력도 신장시켜 준다고 합니다. 알아간다는 것, 즉 지성을 쌓아간다는 것이 왜 중요한지 아십니까? 왜 서강이 하루 종일 격무에 시달리고 저녁 늦게 강의실을 찾으신 원우 여러분을 냉엄하게 닦달하는지를 아시겠습니까?

원우 여러분! 그리고 배우자 여러분! 이번 경주 세미나는 모든 과목을 부부가 함께 수강하도록 준비했습니다. 부부 모두의 지성을 높여드리기 위해서 입니다. 부부 모두의 품격을 높여드리기 위해서입니다. 그래서 부부가 서로 좋아하고 여기 오신 모든 분들이 서로 좋아하게 되기를 바라서입니다.

감사합니다.

듣고 싶은 스피치, 간직하고 싶은 스피치

성공하고 싶은가.
사람 사랑하는 것부터 익혀라

···   시리얼은 서양 문화권에서는 물론 동양 문화권에서도 간편식의 하나로 보편화되어가고 있습니다. 우리나라도 예외가 아닙니다. 여러분 혹은 여러분의 자녀는 1주일에 한두 번 정도 시리얼로 끼니를 때우고 출근하거나 등교할 겁니다.

시리얼 제품의 간판 메이커는 켈로그사입니다. 켈로그사는 미국 미시간 태생 켈로그가 자기 이름을 따서 설립한 회사입니다. 그는 행상이었습니다. 수레에 일용 잡화를 싣고 아침부터 저녁까지 이 골목 저 골목을 전전하며 장사하던 행상 말입니다. 이런 그를 딱하게 바라보던 형이 마침내 그에게 도움의 손길을 뻗칩니다. 형은 인근 병원의 의사였습니다. 그 병원에 일자리를 마련해준 것입니다. 그러나 형이 켈로그에게 병원의 전문직을 맡길 수는 없었기에 그를 환자 급식 부서에 배치합니다.

어느 정도 주방 일에 익숙해진 켈로그는 고민하기 시작합니다. '환자 음식에 개선의 여지는 없는 것인가?' 그는 성실할 뿐 아니라 창의적인 사람이었으니까요. 많은 환자가 입맛이 없고, 식욕을 잃어간다는 사실에 생각이 미치자 켈로그의 고민은 구체화되기 시작합니다. 입맛이 없는 환자, 식욕을 잃은 환자가 맛있게 먹을 수 있는 음식이 어떤 음식일까? 그리고 어느 날 무릎을 치죠. '그렇다. 이와 이 사이에서 바삭하는 소리와 함께 음식물이 깨질 때 우리는 쾌감을 느끼고, 그것은 맛을 대체하기도 한다. 즉 맛을 모르는 사람이라도 그 쾌감 때문에 음식을 먹을 수 있다.'

그렇다면 그런 식품을 어떻게 만들까? 켈로그는 식재료를 엷게 박편으로 밀어서 이것을 기름에 튀기면 되겠다는 생각을 했고 그 식재료는 곡물이어야 필요한 영양소를 함유할 수 있다는 것에 착안했습니다. 그리고 이를 실제 식품으로 구현하기 위한 실험에 들어갔습니다.

그는 우선 곡물을 롤러로 밀어 박편으로 만드는 실험을 시작했습니다. 그러나 시도는 번번이 실패로 돌아갔습니다. 얇게 펴지기 전에 곡식알이 깨져버렸던 거죠. 실패를 거듭하던 어느 날 곡식을 씻기 위해 물에 담가놓은 채 켈로그는 잠이 들게 되었고, 아침에 일어나 물에 퉁퉁 불은 곡식알을 별생각 없이 롤러로 밀었습니다. 물에 잔뜩 불은 곡식알은 부서지지 않고 얇게 밀어졌습니다. 그는 이것을 건조한 뒤 기름에 튀겨봤습니다. 시리얼이라는 지구촌 간편식이 탄생하는 순간이었습니다.

시리얼을 찾는 환자가 처음부터 많았던 것은 아니었습니다. 하지만 시간이 흐르면서 시리얼을 선호하는 환자의 수는 눈덩이처럼 불어갔습니다. 그리고 마침내 퇴원한 환자까지 이 음식을 찾는 일이 벌어졌습니다. 켈로그는 결심을 합니다. '회사를 설립해서 시리얼을 상품화하자.' 이 결심의 결과는 우리가 오늘날 보는 바와 같습니다. 켈로그는 대성합니다.

최고경영자 여러분! 켈로그가 일구어낸 큰 성공 바탕에 무엇이 있었다고 생각하십니까. 그 성공에는 당연히 환자에 대한, 고객에 대한 켈로그의 사랑이 깔려 있었습니다. 최고경영자 여러분! 성공하고 싶으시죠? 사람을 사랑하는 것부터 익히십시오. 고객을 사랑하십시오. 고객을 사랑하고 고객에게 헌신하는 것은 고객 중심 시장에서 흔들릴 수 없는 성공 비결입니다.

저는 이번 제주 세미나가 따뜻하게 마무리되는 것을 보고 싶습니다. STEP 7기 동우 모두가 성공하는 것을 보고 싶습니다.

감사합니다.

최고경영자과정 여성 원우들에게

사람이 꽃보다 아름답다

···   두어 주 전 캐나다 밴쿠버를 여행할 일이 생겼습니다. 서둘러 볼 일을 보고 어렵사리 짬을 내어 부차트 가든을 찾았습니다. 벼르던 방문이었습니다. 부차트 가든은 캐나다 빅토리아에 있는 꽃 정원입니다. 매년 방문객 백만을 훌쩍 넘기는 세계적인 명소죠.

이 공원의 이름을 따온 로버트 부차트 씨는 이민 2세로 캐나다에서 최초로 시멘트 회사를 설립했던 기업인이었습니다. 그가 사업가로 성공한 배후에는 아름답고 현숙한 아내 제니 케네디 여사가 있었습니다. 그녀는 비행기 조종을 즐길 만큼 모험을 즐기는 여장부이기도 했습니다. 남편의 비즈니스가 자리를 잡아가던

1906년 그녀는 안타까운 광경을 목격하게 됩니다. 시멘트 원료인 석회를 채취하면서 처참하게 훼손된 자연이 그것이었습니다. 케네디 여사가 이를 복원해서 꽃 정원으로 만들겠다는 결심을 하기까지는 긴 시간이 소요되지 않았습니다. 그리고 그로부터 15년이 지났을 때 세계에서 가장 아름다운 꽃정원 부차트 가든이 탄생합니다.

부차트 가든은 그야말로 지상낙원이었습니다. 한 송이 한 송이 아름답지 않은 꽃이 없습니다. 그런데 꽃들을 모종의 질서를 바탕으로 군집해 놓았을 때 또 다른 그리고 한 차원 높은 아름다움이 연출될 수 있음을 목격했습니다. 이는 마치 여러 악기의 소리를 잘 조화시켜 교향악의 장엄함을 연주해 내는 것과 같아 보였습니다.

여성 STEP 회원 여러분! 제게는 오늘 이 방도 비록 규모는 작지만, 부차드 가든으로 보입니다. 여러분 한분 한분도 아름답지만 여러분이 한 자리에 군집해서 만들어 내는 중후한 아름다움에 더욱더 눈이 부십니다. 그런데 여러분들은 사람이 꽃보다 더 아름다울 수 있다는 사실을 아십니까?

미국 인디아나주에 조그만 중학교가 있었습니다. 학생 하나가 백혈암에 걸렸습니다. 그러나 다행히 얼마간의 치료 끝에 병마에서 벗어날 수 있게 되었습니다. 그런데 그 후 상당한 시간이 경과했음에도 불구하고 그 학생이 복교하지 않는 겁니다. 의아하게 생각한 반 친구들이 수소문 끝에, 그 학생이 암 치료 과정에서 머리카락을 잃게 되었고, 그게 부끄럽고 쑥스러워서 등교하지 못하고 있다는 사실을 알게 되었습니다. 이에 급우들이 긴급회의를 열어 다음과 같은 결정을 내립니다.

"우리 친구가 부끄럼, 쑥스러움 없이 학교에 나올 수 있도록 우리 모두가 삭발하자."

그리고 감동은 여기서 끝나지 않습니다. 이 결정을 전해 들은 어머니들이 아이들을 칭찬하고 격려하는 취지에서 손수 바리깡을 듭니다.

여러분, 이 사람들 아름답지 않습니까? 꽃이 군집해서 연출한 부차트 가든보다 더 아름답지 않습니까. 꽃은 겉이 아름다울 뿐이지만 사람은 겉과 속 모두가 아름다울 수 있기 때문이라고 생각합니다.

여러분들로 인해서 STEP이 아름다워지기를 바랍니다. 서강이 아름다워지기를 바랍니다. 그리고 그 아름다움이 넘쳐흘러 우리 사회를 따뜻하게 데웠으면 좋겠습니다.

오늘 서강가든의 정원사 수장이 자리바꿈을 한다고 들었습니다. 여성 STEP에서 제니 케네디의 소임을 다해 오신 윤미자 사장님! 수고하셨습니다. 무거운 책임을 이어 받으실 조안리 회장님! 오늘부터 여성 STEP을 총동원하여 축조하실 크고 높은 금자탑을 기대합니다. 여성 STEP 여러분! 한 개의 돌멩이는 아무리 크고 높아도 탑이 아닙니다. 여러 개의 돌이 떠받쳐 크고 높아졌을 때 비로소 탑이 됩니다. 여러분의 협조가 간절합니다. 아니 필수적입니다.

여성 STEP 회원 여러분. 사랑합니다.

감사합니다.

중년은 돌아볼 과거도 내다볼 미래도 있습니다

··· 　　　서정호 부총장님, 경영대학 교수님, 신대진 총동문회 회장님을 비롯한 동문회 각 기 회장 및 동문 여러분!

서강대학교 최고경영자과정 제14기 수료식은 여러분이 참석해 주신 것만으로도 이미 현란한 축제가 되어가고 있습니다. 그리고 오늘 STEP 제14기로 수료하시는 수료생 여러분과 배우자 여러분! 경영대학원 모든 가족을 대표해서 진심으로 축하의 말씀을 드립니다.

살날이 얼마 남지 않은 노인은 뒤를 돌아봅니다. 그리고 향수에 젖거나 참회합니다. 반면에 나이 어린 소년은 오직 앞을 내다봅니다. 그리고 현실성 없는 꿈에 부풀곤 합니다. 그러나 생의 한

복판에 서 있는 중년에게는 돌아다볼 과거도, 내다볼 미래도 있습니다. 즉 과거를 통해 익힌 실제와, 미래를 조망하며 설계한 꿈을 함께 지니고 있습니다. 이것이 중년의 가치요 아름다움입니다. 그리고 이것은 바로 중년이 사회를 이끌어 가야 하는 분명한 이유입니다. 당대의 큰 사학자 토인비의 말입니다. "역사를 아는 사람만이 안정된 미래를 창조해 나갈 수 있다."

STEP은 지난 4개월 동안, 여러분들이 이 나라 경제의 미래를 창조해 나아가는 데 도움을 드리기 위해, 구체적으로 세 가지를 이루어 보려 노력했습니다.

첫째, 오늘의 지도자에게 있어서 필수적이라고 믿는 인본주의적인 안목과 건전한 경영철학을 배양시켜드리고 싶었습니다. 인간을 소중히 여기지 않는 기업은 영존하는 것이 불가능하기 때문입니다. 루소의 말입니다. "인간이 살아 있는 한, 결코 소실되지 않는 감정은 자기를 사랑하는 것이다." 따라서 소비자는 자기를 사랑하지 않는 기업을 선택하지 않습니다.

둘째, STEP은 여러분에게 갖가지 경영의 전략과 지혜를 알려드리려고 했습니다. OECD 가입은 무한경쟁의 원칙을 수용하겠다는 의지와 각오의 천명을 의미합니다. 무한경쟁은 잔인하고 처절합니다. 오직 탁월한 전략을 구사할 수 있는 기업과 나라만이 그 속에서 생존할 수 있습니다.

STEP의 마지막 소망은 여러분들을 친구로, 가족으로 하나 되게 하는 것이었습니다. 경쟁이 심한 사회에서 우리 모두는 외롭습니다. 그러나 로마의 철인인 살루스티우스의 말처럼 정상에 오른 사람은 더욱더 외롭습니다. 정상에는 극히 제한된 수의 사람만이 머물 수 있을 뿐 아니라, 거기서는 보다 치열한 경쟁을 감수해야 하기 때문입니다.

이렇게 STEP은 여러분에게 지도자로서의 폭넓은 안목과 철학을 길러드리고, 전략과 지혜를 일깨워드리며, 여러분이 하나 되기를 시도했습니다. 물론 이 모두가 완벽하게 이루어졌을 수는 없지만 대체적으로 만족할 만한 수준의 성과를 거두었다고 확신합니다. 새삼 여러분의 성의 있는 참여에 감사와 경의를 표합니다.

이렇게 본 과정이 의도하는 바를 성취하는 데는 따로 큰 도움을 주신 분들이 있습니다. 여러분들의 아름다운 배우자들이십니다. 배우자 여러분은 두 차례의 세미나, 부부특강, 부인만을 위한 특강에 적극적으로 참여했을 뿐 아니라 남편들을 격려해서 오늘에 이르게 하였습니다. 서강은 배우자 여러분에게도 뜨거운 감사를 드립니다. 그리고 여러분들의 기여에 보답하기에는 터무니없이 미흡한 줄 압니다만, 감사의 뜻을 담아 명예 수료증을 드리기로 했습니다. 기꺼이 받아주시기 바랍니다.

친애하는 수료생 여러분! 오늘로 여러분이 STEP을 수료하십니다. 그러나 오늘은 오직 여러분이 STEP이라고 하는 하나의 과정을 수료하는 날일뿐입니다. 여러분의 배움은 멈출 수 없습니다.

여러분이 알기를 멈추는 날 우리나라의 경제력도 국력도 성장을 포기할 것이기 때문입니다. 그렇기 때문에 오늘은 끝이 아니라 시작이어야 합니다. 여러분과 서강의 관계도 오늘을 기해 동문과 대학으로서의 새로운 인연이 시작됩니다. 그리고 이 인연에는 졸업도 수료도 있을 수 없습니다.

친애하는 STEP 14기 동문여러분! 밖에 거칠고 잔인한 전장이 여러분을 기다리고 있습니다. 여러분의 건투와 행복을 간절히 기원하겠습니다. 안녕히 가십시오.

3

서강 부총장·대외부총장으로
스피치하다

Red Vineyards at Arles. oil on canvas. Vincent Van Gogh, 1888

제3편 앞부분에는 부총장으로써 경영대학원 이외의
특수대학원 입학식이나 학술심포지엄에서 말한 스피치들이 실려 있다.
여기서는 좀 더 전문적이고 학술적인 개념을 중심주제로 활용했다.
이로 인해 청중들이 집중하고 참여하는 효과가 있었다고 생각한다.
입학식이나 학술심포지엄에서는 배우려는 분위기가 지배적이므로
전문적·학술적 개념에 대한 거부반응이 없었던 듯싶다.

준비하는 과정에서 가장 많이, 그리고 가장 오래 고민할 수밖에 없었던
스피치를 들라면 당연히 대학발전기금 모금에 참여하도록
설득하기 위한 스피치였다.
설득은 가장 어려운 유형의 의사전달이다.
이론적 그리고 실무적 전문가들이 개발해놓은
설득전략은 매우 다양하다.
그러나 대학발전기금 모금을 위한 설득에 활용할 수 있는
전략은 제한적이었다.
학부모를 대상으로 말할 때는 따뜻함(인정)을 이용하는 전략과
위기의식을 조성하는 전략에 의존했고
동문들이 대상일 때는 빚진 감정 내지는 상호성, 죄책감
그리고 위기의식을 이용하는 전략을 채용했다.

가리지 않고 들을 줄 아는 리더로 성장하기를

…　　　친구 사이인 두 사람이 도심의 밤거리를 산책하고 있었습니다. 한 친구는 곤충 학자였고, 다른 친구는 기업인이었습니다. 인적이 끊긴 조용한 거리를 한동안 걸어가던 중 곤충학자인 친구가 기업인 친구에게 물었습니다. "자네 저 소리 들리나?" 기업인 친구가 대답했습니다. "아니. 아무 소리도 안 들리는데."

기업인 친구의 이런 반응에 아무런 대꾸 없이 몇 발자국을 더 걷던 곤충학자 친구가 짐짓 주머니를 더듬어 동전 한 닢을 길 위에 떨어뜨렸습니다. 기업인 친구가 놀라우리만큼 빠르게 반응했습니다. "이보게. 자네 동전 떨어뜨렸어." 이렇게 말하면서 그는 허리를 굽혀 동전을 주운 다음 곤충학자 친구에게 건넸습니다.

그러니까 기업인 친구는 동전 소리는 들었지만, 귀뚜라미 소리는 듣지 못한 것입니다. 이런 현상을 학술적으로 선별적 지각(selective perception)이라고 합니다. 어떤 것은 보고 듣지만 다른 것은 그렇지 않은 거죠. 왜 이런 현상이 나타날까요? 사람에게는 성격이나 취향, 태도, 욕구라는 것이 있고, 사람들은 자기 성격이나 취향에 어울리는 것, 자기가 긍정적인 태도를 갖고 있는 대상, 자기 욕구를 만족시켜줄 수단 등은 잘 지각하지만 그렇지 않은 것은 지각하지 않기 때문입니다.

그러나 리더는 선별적으로 지각하는 사람이어서는 안 됩니다. 리더는 그럴 수 없습니다. 그래서는 안 됩니다. 리더이기 때문에 그렇습니다. 리더는 상황을 판단하고 예측해서 조직이 이루어 내야 할 목표를 설정하는 사람입니다. 그리고 설정한 목표를 달성하기 위해 조직구성원을 결집하고 이들에게 동기를 부여하는 사람입니다. 목표는 조직 구성원 모두가 참여해서 설정할 때 보다 실질적이고 달성 가능한 목표가 됩니다. 그리고 모두가 참여해서 설정한 목표에 대해서는 구성원 모두로 하여금 이루려는 의욕과 책임 의식을 갖게 만듭니다. 이 두 단계 모두에서 리더의 소통 능력, 특별히 듣는 능력이 필수적인 이유입니다. 선별적이 아닌 통합적으로 듣는 능력 말입니다. 그리고 이 능력을 개발하는 것은 여러분이 이 과정에 오신 이유이기도 합니다. 여러분은 이 과정을 통해 보다 유능한 리더로 성장하기를 바라고 있으니까요.

서강은 혹독하게 교육하는 대학입니다. 이것은 서강의 오래된 전통이자 체질입니다. 한국 생산성 본부와 조선일보, 그리고 멀리 있는 미시간대학교가 인증하고 아울러 높이 평가하고 있는 전통이고 체질입니다. 서강은 이 전통과 체질을 자랑스러워 합니다.

그럼에도 불구하고 여러분은 해내실 겁니다. 반드시 이 과정을 성공적으로 이수하실 것입니다. 윤각 원장님과 김충현 주임교수가 여러분을 가슴으로 안내하고 이끌 것이기 때문입니다.

3개월 뒤 여러분이 이 과정을 수료할 때는 더욱더 키 크고 우람한 리더로 성장한 여러분을 만날 수 있게 해주셨으면 좋겠습니다.

감사합니다.

서강 과학커뮤니케이션협동과정 심포지엄 격려사

윤리가 배제된 과학지식은
흉기가 될 수 있다

…　　　서강대학교 과학커뮤니케이션 협동과정이 주관하고 한국과학문화재단이 후원하는 '제1회 과학커뮤니케이션 심포지엄'의 막이 오르고 있습니다. 이제 막 문을 여는 시점이지만 오늘 심포지엄의 성공이 점쳐집니다. 무엇보다 오늘 주제와 관련해서 최고의 권위를 자랑하는 전문가들이 다수 참석해주셨고 이 심포지엄이 어떤 학술 모임보다도 든든한 후원을 받고 있기 때문입니다.

　　오늘 발표와 토론을 해주실 석학 여러분 환영합니다. 한국 문화재단 최영환 이사장님과 김두희 동아사이언스 대표께 특별한 감사를 드립니다. 그리고 이 모임을 지켜봐주시기 위해 학교 안팎으로부터 와주신 모든 분들에게도 고마움을 전합니다.

경영학에서 최근 자주 논의되고 있는 개념 중에 '지식경영'이라는 것이 있습니다. 이는 지식을 창출하고 그것을 공유하며, 이를 바탕으로 생산성을 향상시키고 궁극적으로 이익을 제고한다는 새로운 전략개념입니다. 그리고 이 개념을 사회 또는 국가 차원으로 승화시킨 것이 '지식기반사회'입니다. 지식기반사회는 지식을 창출하고 확산시켜 효율, 풍요, 행복을 일궈내는 사회를 지칭합니다. 그러니까 지식기반사회는 성장 발전하려는 사회 또는 국가의 전략적 틀이 되겠습니다.

아마도 서강 과학커뮤니케이션 과정이 탄생한 것도 그리고 오늘 이 심포지엄을 마련한 것도 궁극적으로 이 나라를 하루라도 빨리 지식기반사회로 탈바꿈하는 데 기여하기 위해서라고 판단합니다.

지식에는 두 종류의 지식이 있다고 알고 있습니다. 하나는 연성 지식(soft knowledge)이고 다른 하나는 경성지식(hard knowledge)입니다. 이 중 연성지식은 누구나 낼 수 있는 아이디어 수준의 지식을 말하며, 경성지식은 전문가가 연구실에서 각고 끝에 찾아내는 지식을 지칭합니다. 그리고 전자는 쉽게 확산이 되지만 후자는 조직적이고 전문적인 노력 없이는 전파나 확산이 어렵습니다.

축사를 하는 사람으로 제 소임을 벗어나는 일인 줄 압니다마는 과학커뮤니케이션은 제 관심사이기도 하여 한두 가지의 의견을 더하고 싶습니다.

첫째, 일단 지식을 창출해놓고 이를 알리고 전파해서 그 지식의 유익함을 나누어 갖는 것도 중요하지만 그 이전에 지식을 받아들일 당사자들의 지식에 대한 감수성(sensitivity)내지 수용성(receptivity)을 함양하는 노력 역시 중요하겠다는 것을 말씀드리고 싶습니다. 예컨대 미국 보스턴에 있는 어린이 과학박물관이 그러한 노력의 한 예입니다. 이 박물관은 어린이들이 일찍부터 과학을 접하고 이해할 수 있는 기회를 제공하여 과학 지식의 일상화와 친밀감을 북돋우고 있었습니다.

둘째, 과학기술은 유익할 수도 있지만 파괴적일 수도 있습니다. 획기적인 기술일수록 더욱 그러할 개연성이 높습니다. 이것이 사실이라면 과학 기술을 나누어주기 전에 그 활용과 관련된 가치교육을 선행하는 것이 필수적이라 여겨집니다. 가치교육은 윤리의식을 심는 데 초점을 맞춰야 할 것입니다. 윤리가 배제된 지식은 흉기가 될 수 있을 테니까 말입니다.

미국 국가 장애위원회 정책보좌관으로 있는 강영우 박사는 그의 저서 『도전과 기회-3C혁명』에서 "지식교육보다 가치교육이 중요하다"고 했습니다. 그는 시각장애인입니다. 그래서 더 멀리 더 깊이 볼 수 있는 분입니다. 이분의 충고를 곱씹어 보십시다.

서강 과학커뮤니케이션 협동과정이 탄생하고 성장하도록 그리고 오늘 이 심포지임이 가능하도록 지원해주신 과학기술부와 한국과학문화재단에 각별한 감사를 드립니다. 이 심포지엄 준비를 위해 동분서주하셨을 이덕환 교수님을 위시해 신방, 자연, 그리고 공학 분야 교수님들에게 총장님을 대신해서 치하를 드립니다.

감사합니다.

명예박사학위 수여식 축사

김정태 행장에게
명예경영학 박사학위를 수여하다

…　　 '서강 그대의 자랑이듯 그대 서강의 자랑이어라.' 서강
대학교의 모토이자 슬로건입니다. 서강은 자랑스러움을 쌓아가기
위해 쉬지 않고 노력하는 대학입니다. 연구를 통해, 교육을 통해,
그리고 사회, 국가, 지구촌 사회에 대한 헌신과 봉사를 통해서 말
입니다. 그리고 서강은 오늘 또 하나의 자랑거리를 추가하는 행사
를 진행하고 있습니다. 김정태 국민은행장께 명예경영학박사 학
위를 드리는 소중한 행사입니다.

　　명예박사학위는 일반 박사학위와 구분됩니다. 일반 박사학위는
정해진 교과과정을 이수하고 학위논문을 통과하는 조건으로 수여
합니다. 그 자격요건이 분명하고 협소합니다. 그러나 명예박사학위

수여의 요건은 매우 포괄적이면서도 모호합니다. 따라서 공적의 범위가 넓고 뚜렷하지 않으면 안 됩니다. 분야마다 다소 차이가 있겠습니다마는 명예경영학박사학위는 통상 소속기업에서의 업적, 사회에 대한 기여, 개인의 품격이 모두 심사의 대상이 됩니다.

그렇다면 김정태는 누구입니까? 누구기에 서강이 그에게 명예경영학박사학위를 수여하는 겁니까? 도대체 그가 누구기에 그에게 명예학사학위를 수여하는 것이 서강에 자랑스러운 일이 되는 겁니까?

무엇보다도, 최고경영자로서의 그의 업적은 가히 신화적입니다. 그는 동원증권 전무로 있으면서 정부의 신증권정책을 정상적인 추세로 받아들이고 이에 긍정적으로 대처해서 지점망 확장 등 선제조치를 취했습니다. 그렇게 해서 소속증권사를 일약 우량증권사로 둔갑을 시킵니다. 다른 회사들이 팔짱을 낀 채 방관하거나 정부정책을 비판하는 것으로 소일할 때 말입니다. 당연히 그는 동원증권 사장으로 승진하고 그의 리더십 아래서 동원증권은 최우량 증권사로 솟아오릅니다. 이 전례 없는 업적으로 그는 주택은행장에 발탁이 되고 주택은행이 국민은행과 합병할 무렵 그이는 합병은행의 행장에 오릅니다. 대주주 골드만삭스의 강력한 추천에 의해서입니다. 그가 행장으로 있는 동안 국민은행은 우리나라 은행 최초로 뉴욕증권거래소에 상장됩니다. 이렇듯 그의 손이 닿은 조직은 여지없이 승승장구합니다. 기적처럼 말입니다.

둘째, 김정태의 사회에 대한 기여도 특별합니다. 한 차원 높은 경영인에게는 그가 이끄는 조직에 대한 기여에 추가해서 사회에 대한 부가적인 기여를 기대합니다. 김정태의 이야기는 아직도 많은 금융인들 사이에서 회자되고 있습니다. 그가 주택은행장에 취임했을 때의 일입니다. 은행의 재정사정을 감안해서 그는 획기적 단안을 내립니다. 자신의 현금 급여를 최소한으로 하고 대신 주식을 받기로 한 것입니다. 이른바 스톡옵션을 실현한 것입니다. 우리나라에서는 처음 있는 일이었고 당연히 큰 사회적 반향을 일으켰습니다. 그런데 뒷날 그의 탁월한 경영으로 주택은행의 주가가 뛰면서 김정태는 일약 주식부자가 됩니다. 그러나 그때 그는 말했습니다. "이렇게 큰돈이 내 것일 수 없다"고. 그는 자선단체와 대학 등에 그 돈을 나누어 기부했습니다.

셋째, 그의 인품에 관해서도 언급하지 않고 지나칠 수 없습니다. 그는 바릅니다. 옳지 않은 것과 타협하지 않습니다. 한 가지만 말하겠습니다. 은행 주변에 떠도는 공공연한 비밀이 있습니다. 은행들은 임직원 인사가 있을 때마다 골머리를 앓습니다. 감독관청을 비롯해서 온갖 권력기관으로부터 받는 청탁과 압력 때문입니다. 행장에 취임하면서 김정태는 안팎에 선포합니다. 청탁에 연루된 임직원은 아예 심사대상에서 제외하겠노라고. 적어도 그가 행장에 머물러 있는 동안 이 폐습은 자취를 감췄습니다. 인사는 만사지요. 당연히 임직원들 사기가 오르고 행 내의 기강은 바로 섰습니다.

마지막으로, 하나만 더 보태겠습니다. 김정태는 뼛속까지 금융인입니다. 그에게는 금융인으로서의 철학과 원칙이 있었습니다. "고객은 위하는 대상이지 이용하는 대상이 아니다."라는 원칙이 그것이었습니다. 그는 이를 이탈하거나 배반하지 않았습니다. 그는 이 원칙을 사수하기 위해 항상 기회를 찾고 차별화된 전략으로 이 기회를 실적으로 둔갑시켰습니다. 그리고 이 실적을 고객과 나눴습니다.

명예학위수여식장을 찾아주신 내외 귀빈 여러분! 더 계속할까요? 아닙니다. 여기서 멈추겠습니다. 지금까지 말씀드린 공적만으로도 그이가 명예박사학위를 받기에 충분하니까요. 아니 넘치니까요.

이제 서강대학교가 김정태 행장님께 명예경영학박사 학위를 수여합니다. 그리고 그것은 서강 역사에 또 하나의 자랑거리로 기록될 것이 분명합니다.

김정태 박사님 축하합니다.

제가 오늘 자칫 큰 결례를 할 뻔했네요. 김정태 박사님의 현란한 공적에 현혹되어서 말입니다. 오늘 이 행사를 뜻깊게 해주기 위해 서강을 찾아주신 귀빈을 소개하겠습니다. 서울대학교 정운찬 총장님, 김재철 무역협회 회장님, 그리고 김정원 국민은행 행장님께서 먼 길 와 주셨습니다. 감사합니다.

명예학위 수여 식사를 갈음합니다.

감사합니다.

대학발전기금 모금을 위한 학부모 대상 호소문

학교의 경비원과 미화원들까지 모금에 참여했습니다

…　　독일 최고의 지성으로 요한 피히테라는 분이 있습니다. 그는 뒷날 명문 베를린대학의 총장이 되기도 합니다. 그의 아내는 간호사였습니다. 독일 해방 전쟁이 발발하자 그녀는 전장으로 뛰어나갑니다. 부상당한 독일군을 보살피기 위해서였죠. 그러나 전쟁이 막바지에 이르던 즈음, 그녀는 장티푸스에 걸려 죽음을 맞이합니다. 이 소식을 들은 피히테는 아내에게 달려갑니다. 그리고는 관 뚜껑을 덮기 전 아내에게 장렬한 입맞춤을 하죠. 감염을 무릅쓰고 말입니다. 결과는 뻔했습니다. 피히테도 장티푸스로 아내의 뒤를 따르게 됩니다.

학부모 여러분! 이런 지고지순한 사랑을 받고 싶지 않으십니까? 아니, 이런 지고지순한 사랑을 받을 수 있는 비결을 알고 싶으시겠죠. 말씀드리겠습니다. 답은 스스로를 아름답게 가꾸는 것입니다. 사람은 아름다운 사람을 사랑하기 때문입니다. 사람의 아름다움에는 두 종류가 있습니다. 겉의 아름다움과 내면의 아름다움 말입니다. 그런데 겉의 아름다움은 시간이 지날수록 퇴색합니다. 오직 내면의 아름다움만이 시간과 상관없이 지속될 수 있습니다.

그렇다면 사람의 내면을 아름답게 가꿔주는 요인은 무엇일까요? 첫째는 지성이고 둘째는 성실성이며 셋째는 덕성입니다. 지성은 넓게 깊게 알 때 생성되며 안정미를 가져다줍니다. 성실성은 믿음과 신뢰라는 아름다움을 갖게 합니다. 그러나 사람을 아름답게 만드는 가장 결정적인 요인은 덕성입니다. 덕성은 다른 사람에 대해 봉사하고 희생하는 마음과 행위입니다.

학부모 여러분! 서강을 아십니까? 서강을 어떤 대학이라고 생각하십니까? 1997년 대학 입시 준비에 몰두하던 고교 3학년 학생 하나가 있었습니다. 이 학생이 난데없이 혈액암 진단을 받습니다. 그런데도 이 학생은 대학 진학을 간절히 원했고 그게 아니라면 입학시험만이라도 응시해보는 것이 소원이었습니다. 그러나 막상 입학시험을 치를 무렵에는 체력이 거의 소진되어 침상 같은 곳이 아니고서는 시험을 볼 수가 없게 되었습니다. 이 학생의 어머니가 이런 사정을 설명하고 개별적으로 응시할 수 있도록 배려해 달라며 무려 8개 대학을 전전하며 하소연했습니다. 그러나 이들 대학의 반응은 한결같이 차가웠습니다. 어머니가 9번째로 들른 대학이 서강이었고, 서강은 이 학생의 소원을 흔쾌히 들어줍니다. 그렇게 서강에 입학한 김형관이라는 이 학생은 안타깝게도 재학 중 저 세상으로 떠납니다. 학생의 어머니는 지난해에도, 금년에도 아들을 만나러 서강 캠퍼스를 찾았습니다. "고마운 서강! 내 아들의 맑고 따뜻한 영혼이 머무는 서강"을 되뇌며 말입니다.

학부모 여러분! 이제 서강을 아셨나요? 서강은 스스로 따뜻하고 아름다운 대학입니다. 그리고 아름다움으로 주위의 선택과 사랑을 받을 수 있는 학생을 배출하는 것이 목표이자 가치입니다. 사람을 아름답게 하는 요인이 지성, 성실성, 덕성이라고 이미 말씀드렸습니다. 그런데 이런 교육이 가능하려면 그럴 수 있는 여건을 마련해야 합니다. 첫째, 우선 우수한 교수를 확보해야 합니다. 둘째, 교육 시설과 기자재를 현대화하지 않고서는 기대하는 교육 효과를 내기가 힘듭니다. 셋째, 짐작하시는 것처럼 좋은 교육 프로그램을 마련하는 것 역시 필수적입니다. 마지막으로, 위에서 언급한 요건들이 마련된다 할지라도 엄격한 학사관리로 대학과 학생이 공히 스스로를 제어하고 채찍질하지 않는 한 기대하는 교육 효과를 성취하기는 어렵습니다. 그리고 지금까지 말씀드린 교육 여건을 마련하거나 개선하기 위해 서강은 다음과 같은 구체적인 사업을 추진하려고 합니다.

첫째, 현리 인성교육원을 건립합니다. 경기도 현리 이철우 회장이라는 독지가가 기증한 5만 평에 인성교육원을 지어 신입생을 대상으로 어학 및 인성을 집중적으로 교육하려 합니다.

둘째, 국제 인문관을 마련해야 합니다. 여기서는 한국학을 강의하게 되는데 전 과목을 원어로 강의할 것입니다. 한국학을 세계화하기 위한 거점이 될 것으로 생각합니다.

셋째, 테크노 파크를 건설하겠습니다. 연관기술을 융합하기 위한 연구와 교육이 실현될 것이며 융합된 기술을 상업화하는 사업도 추진합니다.

넷째, 기숙사의 신축 계획도 갖고 있습니다. 기숙사는 여러분 자녀의 열악한 기숙 여건을 획기적으로 개선하는 데 기여할 것입니다. 서강 기숙사는 숙식에 더해 어학 및 인성 훈련의 장이 될 것입니다.

학부모 여러분! 이러한 사업들은 좋은 교육을 위해, 서강 발전을 위해 지금 이 시점에서 꼭 추진해야 하는 사업입니다. 하지만 예산의 지출 없이 이룰 수 있는 사업들이 아닙니다. 이러한 설비를 마련하기 위해 약 800억 정도의 기금이 필요합니다. 이 중 300억 정도는 대학이 그동안 절약해 비축한 돈과 기채로 충당하는 것이 가능합니다. 그리고 인성교육원 건립을 위한 150억 원은 경영대학원이 그 부담을 안게 될 것입니다. 나머지 350억 원이 문제입니다. 이는 모금이 아니고서는 달리 대안이 없습니다.

모금은 일단 안에서부터 자구책을 구하는 것으로 시작했습니다. 경제학과 교수님들이 급여를 쪼개 120만 원에서 300만 원씩 쾌척했습니다. 90%가 넘는 교수 및 직원이 1개월 급여를 헌납하기로 했습니다. 경비 아저씨와 청소원 아주머니들도 동참했습니다.

사랑하는 학부모 여러분! 이제는 여러분이 참여해주실 차례입니다. 금액의 많고 적음을 고민하지 마십시오. 여러분 자녀에게 질 높은 교육이 전달되고, 서강이 자랑스러운 대학으로 남아 있기를 바라는 염원과 사랑이 담긴 돈이라면 단 1원이라도 감사히 받겠습니다.

여러분! 하버드 대학이 왜 세계적인 명문인지 아십니까? 그 대학은 20조 원이 넘는 여유자금으로 가장 우수한 시설에서 가장 우수한 교수에 의해 가장 빼어난 프로그램으로 학생을 가르칩니다.

마지막으로, 세계적으로 주목받는 문인 헤르만 헤세의 말을 들려드립니다. '사람에게 주어진 가장 소중한 책무는 행복해지는 것이다. 그리고 행복해지는 지름길은 주고 베푸는 것이다.'

감사합니다.

대학발전기금 모금을 위한 동문 대상 호소문

하버드와 스탠포드가
왜 세계적인 명문인지를 아십니까?

··· 1980년대까지, 나라를 막론하고 가장 보수적인 기관을 꼽는다면 단연 은행이 선두자리를 독점하다시피 했습니다. 그런데 1990년대 들어서면서 이 불명예를 대학이 안게 됩니다. 그러나 다행스럽게도 1990년대가 끝나기 전 대학들의 몸부림이 시작됩니다. 보수와 안주의 탈을 벗기 위한 몸부림 말입니다. 이 태동은 미국에서 시작되어 독일, 프랑스, 영국으로 번졌는데, 이들 나라에서 그 움직임을 주도한 것은 역시 명문대학들이었습니다. 여기서 꼭 짚고 넘어가야 할 것이 있습니다. 이 거센 몸부림에 기폭제 역할을 제공한 것이 일개 기업이었다는 사실입니다. 첨단기업 IBM이 미국 8개 대학을 엄선해서 각각 100만 불씩을 배분하여 이들 대학의

듣고 싶은 스피치, 간직하고 싶은 스피치

변화와 혁신을 지원했습니다.

이 무렵까지도 한국 대학들은 아직 긴 잠에서 깨어나지 못한 채였습니다. 그리고 대기업들로부터 호된 질책을 받기 시작합니다. 질책의 대열에 앞장섰던 분이 LG그룹의 구자경 회장이었습니다. 그는 대학 총장들을 향해 일갈했습니다. "당신들은 당신 대학이 배출한 학생들이 기업연수원에서 다시 한번 교육받지 않고서는 전혀 쓸모없는 인력이라는 것을 아는가? 당신들은 단 한번이라도 당신들이 배출한 불량품에 대해 A/S를 생각해본 적이 있는가?" 이런 질타는 전국경제인연합회 등 곳곳에서 터져 나왔습니다.

서강도 이런 비난에서 자유롭지 못했습니다. 설상가상으로 서강은 오랜 지병인 이른바 '서강병'을 앓고 있었습니다. 교육에 품질에 관한 한 우리가 최고라는 자만과 오만 말입니다.

그런데 말입니다. 다행히도, 아주 다행히도 2003년에 들어서면서 서강이 드디어 긴 잠에서 박차고 일어납니다. 사회의 평가에서 서강이 더 이상 1등이 아님을 뒤늦게나마 구성원들이 인지한 것입니다. 그리고 뼈를 깎는 노력 없이 1등의 자리에 다시 설 수 없음을 자각한 것입니다. 2003년 11월 서강은 장고 끝에 대학발전계획을 마련하고 그 첫발을 내디디기 위한 '비전 선포식'을 거행합니다. 모토는 '21세기에도 앞서가는 서강'이었습니다. 그리고 이 발전 계획에 포함된 주요사업은 다음과 같습니다.

첫째, 이철우 회장이라는 독지가가 기증한 경기도 현리 5만 평 부지에 인성교육원을 건설합니다. 서강에 진학한 새내기 전원을 한 학기 동안 입소시켜 어학 능력 및 인성을 집중적으로 개발합니다.

둘째, 국제인문관을 마련합니다. 여기서는 한국학을 연구하고 강의하게 되는데 강의는 전과목 원어로 합니다. 한국학을 세계화하기 위한 거점이 될 것입니다.

셋째, 테크노파크를 건설하겠습니다. 연관 기술을 융합하기 위한 연구와 교육이 이곳에서 실현될 것이며 융합된 기술을 상업화하는 사업도 추진합니다.

넷째, 기숙사의 신축계획도 포함되어 있습니다. 기숙사는 학생들의 열악한 기숙 여건을 획기적으로 개선하는 데 기여할 것으로 확신합니다. 서강 기숙사는 숙식에 더해 추가적인 어학과 인성 연마의 장이 될 것입니다.

동문 여러분! 이러한 사업들은 서강이 1등의 자리를 회복하기 위해 지금 이 시점에서 추진해야 할 최소한의 사업들입니다. 그리고 이러한 설비의 건축에는 약 800억 원 정도의 기금이 필요합니다. 이 중 300억 정도는 대학이 그동안 절약해 비축한 돈과 기채로 충당하는 것이 가능합니다. 그리고 현리 인성교육원 건립기금 150억 원은 경영대학원이 그 부담을 안게 될 것입니다. 나머지

350억 원이 문제입니다. 이는 모금이 아니고서는 달리 대안이 없습니다.

모금은 일단 안에서 자구책을 구하는 것으로부터 시작했습니다. '안에서 밖으로, 그리고 위에서 아래로'는 모금의 원칙이니까요. 내부 모금의 지금까지 성과는 경이로울 정도입니다. 교수와 교직원들은 1개월 치 급여를, 그리고 이사장, 총장 기타 보직교수는 추가적인 기여를 약정했습니다. 재학생들은 '용돈 절약해서 기여하기'에 동참합니다. 이 과정에서 감동적인 일이 속출하고 있습니다. 수위 아저씨들이 500만 원, 청소원 아주머니들이 75만 원, 교환원이 200만 원, 신부님들이 500만 원을 내놓았습니다. 지금까지 교수 86.4%, 직원 86.5%가 기부 약정에 응했습니다.

친애하는 서강 동문 여러분! 이제는 여러분들이 움직여주실 차례입니다. 김호연 동문 등 이미 다수의 동문이 동참하기 시작했습니다. 여러분! 하버드와 스탠퍼드가 세계적인 명문이라는 것을 잘 아시죠? 기금 차원에서 명문이란 대학 재정의 등록금 의존율이 50% 미만인 대학을 말합니다. 그리고 기여금 총액 중 동문이 기여한 비율이 70%를 넘어야 비로소 명문 반열에 오를 수 있습니다. 동문 여러분에게 간절히 호소합니다. 이번 기금모금 캠페인은 어떤 일이 있어도 반드시 성공해야 합니다.

첫째, 서강의 추락을 막아 1등의 자리로 복귀시키기 위해서입니다.

둘째, 동문, 재학생, 교직원 그리고 학부모의 자존심을 지키기 위해서입니다.

마지막으로, 지식으로 경쟁해야 할 지식기반 사회에서 국가 경쟁력 신장에 기여하기 위해서입니다.

세계적으로 추앙받는 헤르만 헤세의 말을 들려드리며 제 말씀을 마감하려 합니다. '사람에게 주어진 가장 소중한 책무는 행복해지는 것이다. 그리고 행복해지는 지름길은 주고 베푸는 것이다.'

감사합니다.

서강 개교 40돌 행사를 마감합니다. 허탈감 대신 포만감을 느낍니다

··· 　　　오늘로 서강이 마흔 번째 생일을 맞았습니다.

늙은 사람은 뒤를 돌아다봅니다. 그리고 하늘을 우러러봅니다. 젊은 사람은 앞을 내다봅니다. 그리고 자주 땅을 굽어봅니다. 하지만 인생의 중년에 서있는 사람은 뒤를 돌아다보기도 하고 앞을 내다보기도 합니다. 하늘을 올려다보기도 하고 땅을 내려다보기도 합니다.

갓 마흔의 중년에 이른 서강은 이 시점에 서서 지난날을 차분히 반추해볼 것입니다. 그리고 그 위에 성실히 내일을 설계하겠습니다. 서강의 미래는 더욱더 알찰 것입니다. 서강의 미래는 더욱더 아름다울 것입니다. 그래서 더 자랑스러운 대학으로 우뚝 설

것입니다.

흔히 큰 잔치의 뒤끝은 허탈하기 쉽습니다. 그러나 오늘 서강의 40돌잔치의 끝은 결코 허탈하지 않습니다. 오히려 큰 포만감을 느낍니다. 서강이 이미 이룬 것에 대해 여러분의 많은 찬사가 있었기 때문일 것입니다. 서강이 앞으로 이룰 것에 대하여 여러분의 많은 격려가 있었기 때문일 것입니다.

이제 생일잔치의 막을 내리겠습니다. 자리를 함께 해주신 내외 귀빈 여러분! 밤이 많이 깊어졌습니다. 어두운 길 살펴서 안녕히 가십시오.

감사합니다.

듣고 싶은 스피치, 간직하고 싶은 스피치

4

한국사이버대학교 총장으로서
스피치하다

Bulb Fields. watercolor on paper. Vincent Van Gogh, 1883

제4편에는 한국사이버대학교 총장으로서 말한 스피치들을 모았다. 사이버대학은 온라인대학이어서 교수와 학생 간 그리고 학생 상호 간에 대면해서 교류하는 기회가 제한적일 수밖에 없다. 따라서 대학이 이를 보완하기 위한 대책을 따로 마련해야 한다. 대학본부, 단과대학, 학과가 번갈아 가며 오프라인 모임을 주관하는 이유다. 그리고 물론 여기에 학생회도 가세한다. 총장은 거의 모든 오프라인 모임에 참석한다. 참석할 때마다 스피치를 하는 게 관례로 굳어있다. 무엇보다도 학생들이 기대하고 원하기 때문이다.

입학식, 졸업식은 정례적이고 반복적이다. 따라서 여기서 읽히는 입학식사나 졸업식사가 천편일률적이고 지루할 개연성이 높다. 웬만큼 신선하지 않고는 주목을 받을 수도 감흥을 줄 수도 없다. 소재의 선택과 논지의 전개는 물론 표현 하나하나에서까지 평범함을 벗어나야 하는 이유다. 그리고 입학식과 졸업식 식사의 주된 타깃이 학생들이고 이들은 생의 중요한 변곡점에서 이것을 듣는다. 따라서 식사는 삶의 방향과 방법을 제시해줄 수 있어야 한다. 어느 메시지보다 교훈적이어야 하되 이해가 쉽고 촌철살인의 효과를 잉태해야 한다고 믿었다.

교수들을 상대로 말할 때는 사례를 자주 활용했다. 집중력과 설득력을 함께 높여줄 거라고 믿어서였다. 교수가 아닌 멘토가 되어주기를 시종 청했다. 사이버대학 특성상 그러해야 한다고 말했다. 하지만 총장으로서 하는 당부 내지 훈시성 스피치라 하더라도 듣는 사람의 자존감을 감싸주는 데 소홀하지 않으려고 각별히 조심했다.

오르막길만이 여러분을 높은 곳에 다다르게 합니다

···　　　오늘 여러분은 호미에 긁히고 낫에 찢긴 거친 손으로 아름답고 큰 열매 하나를 수확했습니다. 한국 온라인 교육의 역사이자 표준인 한국사이버대학교에서 졸업장을 쟁취하였습니다. KCU교직원을 대신하여 진심으로 축하를 드립니다.

우리는 태어난 지 채 한 해가 되기 전부터 걷기 시작합니다. 사람은 눈, 코, 입 심지어는 손발까지 앞으로만 걷도록 만들어져 있습니다. 그래서 우리는 미래를 향해 앞으로, 앞으로 걸어갑니다.

그런데 우리가 걸을 수 있는 길은 크게 두 가지입니다. 하나는 오르막길이고 다른 하나는 내리막길입니다. 오르막길은 어렵고 고통스러우며, 내리막길은 쉽고 편안합니다. 그러나 오르막길은 우리를 높은 곳으로 때로는 정상에 이르게 합니다. 반면 내리막길은 낮은 곳으로 심지어는 헤어날 수 없는 수렁에 빠지게 합니다.

4년 전 여러분은 오르막길을 선택했습니다. 어렵고 고통스러운 길을 선택했고 그래서 지금 높은 곳에 다다랐습니다. 그러나 여러분이 지금 서 있는 곳은 정상이 아닙니다. 만인이 부러워할 성공과는 아직 거리가 있습니다. 오르막길을 더 걸어야 합니다. 정상에 그리고 성공에 도달하기 위해 다음과 같은 추가적인 노력이 있어야 합니다.

첫째, 이제부터는 더욱더 선명한 목표를 설정하십시오. 무엇을 할 것인지 구체적으로 정하십시오. 일은 여러분이 좋아하는 일, 잘 해낼 수 있는 일이어야 합니다. 좋아하는 일이 의욕과 열정이 됩니다.

둘째, 선택한 일 또는 목표를 위해 여러분이 KCU에서 개발한 능력과 지혜를 쏟아 부으십시오. 쏟아 부은 만큼 오를 것입니다.

셋째, 목표를 쫓는 과정에서 실패를 두려워하지 마십시오. 할 수 있다고 확신하는 것보다 더 많은 것을 성취한 사람은 없습니다.

넷째, 선택한 목표와 이를 성취하기 위한 수단이 정의롭고 보람된 것인지 점검해보아야 합니다. 옳지 않은 목표와 방법으로 성공에 다다른 사람이 없고, 보람되지 않은 목표와 수단은 설사 성취한다 하더라도 만족과 행복을 가져다주지 않습니다.

다섯째, 가끔은 여러분이 걸어온 발자취를 돌아보십시오. 행여 함부로 어지럽게 걷지 않았는지 챙겨보십시오. 여러분이 남긴 발자취는 후배들의 이정표가 될 것이기 때문입니다.

친애하는 KCU 졸업생 여러분! 오늘 여러분은 KCU의 가르침을 지팡이 삼아 제2의 여정을 시작합니다. 더 가파르고 험난한 오르막길로 떠납니다. 마을을 얻기 위해서는 동산에 오르는 것으로 족하지만 천하를 얻고자 한다면 태산에 올라야 합니다. 여러분이 태산의 정상에 섰을 때 KCU의 위상도 따라 오를 것입니다. 그리고 높아진 KCU의 위상이 자긍심이 되어 여러분에게 되돌아갈 것입니다. KCU는 여러분의 두 번째 여정에도 동행할 것입니다. '평생 무료청강'으로 여러분을 지원할 것입니다. 여러분의 새로운 여정에 하늘의 보살핌과 축복이 있기를 간절히 빕니다.

여러분들은 오늘 KCU를 떠납니다. 그러나 여러분은 KCU를 떠날 수 없습니다. 학생으로서는 떠나지만 동문의 신분으로 여러분은 KCU에 다시 머물러야 합니다. 학생이기 때문에 KCU로부터 도움을 받을 권리는 끝났지만 동문으로서 KCU를 도와야 하는 의무는 지금부터 시작입니다.

사랑하는 졸업생 여러분! 안녕히 가십시오. 자랑스러운 동문 여러분! 오래오래 남아 KCU의 성장과 성공을 이끌어주십시오.

감사합니다.

듣고 싶은 스피치, 간직하고 싶은 스피치

남의 어리석음이 아니라 자기 능력에 의해 성공하는 길

...   오늘 쉽지 않은 조건을 만족시키고 영예의 졸업을 하시는 졸업생 여러분! 한국사이버대학교 교직원을 대표해서 진심으로 축하를 드립니다.

프랑스 사상가 라 브뤼에르의 말입니다. "대체로 사람이 성공하는 데는 두 가지 길이 있다. 하나는 자기 능력에 의하는 것이고, 다른 하나는 남의 어리석음에 의하는 것이다. 그러나 자기 능력에 의존해서 성공하는 방법이 더 명예롭고 아름답다." 여러분은 이미 4년 전 이 사실을 앞질러 터득하고 여러분의 능력을 신장시키기 위해 KCU를 찾아 오셨습니다.

우리는 이미 오래전에 단절의 시대(The Age of Discontinuity)

에 들어섰습니다. 단절의 시대란 오늘과 어제가 같지 않고 내일이 오늘과 다를 수밖에 없는 시대를 의미합니다. 그리고 단절의 시대를 살아가는 사람이 성공하기 위해서는 적어도 다음과 같은 세 가지 측면에서 자기 계발과 성장이 있어야만 합니다.

첫째, 세계를 한눈에 볼 수 있는 활달한 안목을 가져야 합니다. 세계화된 사회에서 나와 우리만 보는 편협한 안목으로는 성공할 수 없습니다. 둘째, 변화하는 환경에 순발력 있고 적절하게 대응하기 위해 전략과 지혜를 갖추어야 합니다. 열등하거나 평범한 전략과 지혜로는 제한된 수준의 성공밖에는 이를 수 없습니다. 셋째, 개인이나 조직의 성공을 담보하는 것은 건전한 가치관과 투철한 윤리 의식입니다. 따뜻하고 올곧지 못한 개인이나 조직이 장기적으로 성공한 예는 드뭅니다.

친애하는 졸업생 여러분! 지금 잠시 되짚어 보십시오. 여러분이 KCU에서 연찬한 지난 4년 동안, 이 세 가지 요인에서 얼마만큼의 성장과 발전이 있었는지. 스스로 평가하기에 미흡하다는 판단이 든다면 그것은 지극히 정상입니다. 아니, 스스로에 대한 평가에서 늘 만족을 느끼지 못하는 사람만이 발전하고 성장할 수 있습니다.

교육을 영어로 education이라고 합니다. education이라는 말은 원래 '젖을 먹인다.'는 말입니다. 즉 젖 먹여 성장시킨다는 뜻입니다. 이렇듯 교육은 끝없는 성장을 의미합니다. 그래서 오늘 여러분이 거머쥔 졸업은 배움의 끝이 아니고 새로운 시작이어야 합니다. 연찬하기를 멈추지 마십시오. 지식기반 사회에서 연찬의 중단은 곧 패배와 실패를 의미합니다.

졸업생 여러분! 이제 바다로 달려 나가십시오. 그리고 바람과 싸우십시오. 파도와 싸우십시오. KCU에서 닦은 안목과 지혜와 윤리 의식으로 승리와 성공을 쟁취하십시오. 그래서 남의 어리석음에 의해서가 아니라 자기능력에 의해 성공한 KCU인이 되어주십시오.

여러분의 승리와 성공은 여러분을 위해서도 중요하지만 KCU를 위해서도 절실합니다. 왜냐하면 그것은 여러분의 개인적인 자긍심이나 자랑이기도 하지만, 동시에 KCU의 자긍심과 자랑이기 때문입니다. 여러분 모두의 승리와 성공으로 KCU의 승전탑을 한층 한층 쌓아 올릴 수 있기를 바랍니다.

여러분은 오늘 KCU를 떠납니다. 그러나 여러분은 KCU를 영원히 떠날 수 없습니다. 학생으로서는 떠나지만 동문의 신분으로 여러분은 KCU에 다시 머물러야 합니다. KCU로부터 도움을 받을 권리는 끝나지만 KCU를 도와야하는 책무는 지금부터 시작입니다.

좋은 대학과 덜 좋은 대학을 가늠하는 기준은 다양합니다. 그 중에서도 가장 중요한 기준 하나는 동문의 모교에 대한 기여의 양과 질입니다. 모교는 이제 겨우 열 살 남짓한 철부지입니다. 어느 때보다도 동문의 관심과 도움을 필요로 하는 시기입니다.

사랑하는 졸업생 여러분 안녕히 가십시오. 자랑스러운 동문 여러분! 오래오래 남아 KCU의 성장과 성공을 이끌어주십시오.

감사합니다.

듣고 싶은 스피치, 간직하고 싶은 스피치

한국사이버대학교 입학식사 1

여러분은 왜 한국사이버대학교에 오셨습니까?

···   친애하는 신·편입생 여러분! 여러분은 왜 오늘 이 자리에 오셨습니까? 왜 한국 사이버 대학교(KCU)에 입학하셨습니까? 이기기 위해서인가요? 성공하기 위해서입니까? 그렇다면 세계적인 문호 윌리엄 셰익스피어의 말에 귀 기울일 필요가 있습니다. "성공하려는 사람들이여. 첫째, 다른 사람보다 더 많이 알아라(Know more than others). 둘째, 다른 사람보다 더 성실히 일하라(Work more than others). 셋째, 그러나 남보다 덜 기대하라(Expect less than others)."

더 많이 아는 것은 지식기반사회에서의 성공비결입니다. 더 성실히 일하는 것은 무한 경쟁 사회의 성공요건입니다. 덜 기대해서 욕심과 갈등을 막는 것은 성숙한 사회를 살아가기 위한 지혜입니다. 우리가 살고 있는 이 사회는 지식기반사회이자 무한경쟁 사회이고 대한민국은 지금 성숙을 필요로 합니다. 여러분은 아마도 이 셋 중에 첫 번째 성공 비결인 '더 알기 위해' KCU를 찾아왔다고 생각하실지 모르겠습니다. 그러나 KCU는 여러분을 보듬어 안고 지식이나 젖 주는 그런 대학이기를 거부합니다. KCU는 여러분 모두를 품위와 인격을 갖춘 성숙한 지구촌 지식인으로 성장시키기를 지향하고 소원합니다.

그러기 위해 KCU는 우선 여러분으로 하여금 올곧고 따뜻한 품성을 갖도록 교육하겠습니다. 그런 연후 그 위에 깊고 참신한 지식을 쌓아드리겠습니다. 윤리를 바탕으로 하지 않는 지식은 사회를 황폐하게 만들 뿐 아니라 때로는 훼손하기 때문입니다. 그리고 궁극적으로, 여러분으로 하여금 세계와 소통하고 인류와 자연을 가슴에 품을 수 있는 eco-global 시민으로 성숙하도록 할 것입니다. KCU는 이러한 교육을 하기에 가장 적절하고 잘 준비된 대학입니다. 무엇보다도 KCU는 교육의 수월성을 담보하기 위해 진력합니다.

이를 위해 첫째, 최고의 교수진을 모셨습니다. 이들은 머리보다는 가슴으로 가르칩니다. 이분들은 '눈이 녹았을 때 물이 된다'고 가르치는 대신 '봄이 온다'고 가르칠 것입니다. 둘째, 학생 서비스에 관한 한 KCU는 아끼지 않습니다. 여러분은 이제 서비스 체인개념에 따라 재학 중은 물론 졸업 후에도 시한 없는 케어를 받으실 것입니다. 평생 무료 청강 서비스는 KCU에서만 누릴 수 있는 여러분의 특권입니다. 셋째, 활달한 협력 네트워크도 KCU의 교육이 타 대학으로부터 구별되는 또 하나의 이유입니다. 연세대를 비롯한 61개 오프라인 대학으로 구성된 컨소시움은 물론, KT 등 우리나라 일류 기업, 정부 기관, 그리고 각종 사회단체와 협력하고 있습니다. KCU는 압니다. 멀리 가려면 같이 걸을 벗이 있어야 함을. 그리고 우리는 숙지하고 있습니다. 부유함은 돈이 있기 때문이 아니라 서로 위로하고 도울 벗이 있기 때문이라는 것을. 넷째, KCU는 첨단교육인프라와 시스템을 갖추고 있습니다. 그리고 여러분은 새로 구축한 모바일 캠퍼스의 첫 수혜자가 됩니다. 이제는 한국이 아니라 미국을 포함한 세계 온라인 교육 선진국이 부러워하는 그러한 대학의 주인이 되셨습니다.

자! 오늘 배우기에 절절한 여러분과, 품위와 격이 있는 교육을 하기 위해 잘 준비된 KCU가 만났습니다. 이제 탐스럽고 윤기나는 열매를 수확하는 일만 남았습니다. 대학은 대학의 소임을 다할 것입니다. 여러분들은 머리와 가슴을 하얗게 비우고 열며, 겸허한 자세로 배움에 임해주시기 바랍니다. 성인 교육에 있어서 가장 심각한 장애는 배우려 하지 않는 데 있는 것이 아니라 이미 배운 것을 버리려하지 않는 데 있습니다.

이렇게 대학과 여러분이 서로의 몫을 다해서 4년 뒤 우리가 함께 이룩한 큰 성과에 대해 만족하고 자부할 수 있기를 바랍니다. 그래서 서로를 신뢰하고 존중할 수 있기를 소원합니다. 여러분이 KCU를 디딤돌로 쟁취할 승리와 성공을 기원합니다. 여러분이 KCU를 등대로 삼아 다다를 행복을 하늘에 간구합니다.

감사합니다.

발전하지 않는 역사는 역사가 아니라 흔적일 뿐입니다

···　　친애하는 신·편입생 여러분! 한국사이버대학교에 입학하신 여러분을 두 팔 벌려 환영합니다.

미래학자이며 경영학자인 피터 드리커는 자신 있게 말했습니다. "교육의 미래는 전통적인 오프라인 대학 밖에 있다." 즉 앞으로 온라인 교육이 오프라인 교육을 대체하게 될 것임을 내다본 것입니다. 이 분의 말대로라면 여러분은 미래의 교육을 남들보다 앞서서 수혜하는 셈입니다. 오직 창의적이고 개척적인 사람만이 앞서갈 수 있습니다. 여러분은 개척자입니다.

한국사이버대학교는 온라인 대학 중에서도 앞서가는 대학입니다. 시작이 가장 빨랐고 설립 이후 교육인적자원부에 의해 시범

학교로 지정되어 온라인 교육의 요람이자 실험실의 역할을 해왔습니다. 그러니까 한국사이버대학교는 명실 공히 우리나라 사이버교육의 역사입니다. 여러분은 이제 사이버 교육 역사의 주역이 되셨습니다.

역사는 이어가고 발전시켜가지 않으면 역사가 아닙니다. 계승 발전하지 않는 역사는 흔적일 뿐입니다. 그리고 역사를 역사다운 역사로 일구어가려면 이것을 이끄는 주역은 상당한 질과 양의 책임을 짊어져야 합니다. 여러분은 KCU에 재학하는 동안 우리나라 온라인 교육에 대한 인식과 신뢰를 한 단계 끌어 올려야 할 책임이 있습니다.

온라인 교육은 학습자 여러분이 주도적으로 참여하는 교육입니다. 여러분이 주도적으로 그리고 적극적으로 참여하지 않으면 그만큼 이루는 것도 왜소할 수밖에 없습니다. 여러분이 KCU를 찾는 동기가 단순한 학습이 아니라 승리하고 성공하는 것이라면 더욱더 살을 에고 뼈를 깎는 노력이 있어야 합니다.

그리고 한국사이버대학교는 지금 또 다른 변화를 준비하고 있습니다. 여러분에게 승리와 성공을 안겨드리기 위해서입니다. 한국사이버대학교는 이미 MP3, PMP, PDA 등 IT 기기를 이용한 수강 및 복습이 가능하도록 이른바 모바일 러닝을 제공하고 있습니다. 그러나 우리는 여기에 자만하지 않고 한 걸음 더 나아가 유비쿼터스 러닝에 대비하고 있습니다.

사이버교육의 결정적인 한계는 학생과 교수, 학생과 학생 사이에 체취와 체온이 묻어 있는 사회적 교류를 하는 데 제약이 있다는 것입니다. 즉 전인교육에 어려움이 있습니다. 이런 제약을 과감히 뛰어넘겠습니다. 머리가 아니라 가슴으로 하는 교육을 드리도록 혼신의 노력을 다할 것입니다.

오늘 배움에 절절한 여러분과 가르치는 일에 진지한 KCU가 만났습니다. 이제는 서로가 기대하는 만큼의 교육 성과를 올리는 일만 남았습니다. 여러분이 여러분 몫을 다하고 대학이 대학의 역할을 다하여 지금으로부터 4년 뒤, 여러분과 대학이 서로에 의해 그리고 같이 이룩할 성과에 대해 만족할 수 있기를 바랍니다. 그래서 서로를 우러러보고 서로에 대해 자랑스러워할 수 있게 되기를 소망합니다.

여러분의 건투를 빕니다. 여러분의 탐스러운 성취를 하늘에 간구합니다.

감사합니다.

무거운 짐은 겸손하고 희생하며 사명감 있는 사람이 집니다

··· 　　　제9기 총학생회 종무식을 지켜보지 못하는 것은 내게 큰 아쉬움으로 남을 것입니다. 제9기 총학이 어느 때보다 큰 족적을 남기고 임기를 마감하는 식전이고, 따라서 내가 직접 참석하여 고마워하고 축하하는 것이 예라고 생각하기 때문입니다.

제9기 총학 안윤수 회장과 임원 여러분! 수고했습니다. 감사합니다. 그리고 축하합니다.

미국 필라델피아시 변두리에 서민들이 모여 사는 작은 마을이 있었습니다. 이 마을은 비가 조금만 와도 길이 진흙탕이 되어 주민들이 큰 불편을 겪어야 했습니다. 그런데도 주민들은 불평만 할 뿐 아무런 개선 노력을 하지 않았습니다. 이때 벽돌공장에서 일하던 '존'이란 소년이 어른들도 감히 생각지 못할 버거운 결심을 합니다. 마을의 진입로를 벽돌로 포장하겠다는 결심 말입니다. 다음 날부터 소년은 박봉을 털어 길에 벽돌을 깔기 시작했습니다. 그런 속도라면 그 길을 완전히 포장하는 데 2년은 족히 걸릴 것처럼 보였습니다.

그런데 불과 1달 뒤 기적이 일어났습니다. 소년이 하는 일이 주민에게 목격되었고 이 소문은 마을 전체로 번졌습니다. 주민들이 돈 또는 노역으로 앞다투어 참여하더니 마침내 공사는 2년이 아닌 2달 만에 끝이 났습니다. 그 소년은 뒷날 백화점 왕이 된 존 워너메이커(John Wanamaker)였습니다.

총학 9기는 KCU 앞날의 긴 구간에 벽돌을 깔아 포장했습니다. 염려하고 불평하는 대신 한 장씩 벽돌을 깔기 시작했습니다. 이에 동문들이, 교직원이 동참했습니다. 그리고 앞으로 숭실대학교가 힘을 보태겠지요. 이제 KCU는 총학이 주도하여 포장한 도로를 밟고 뚜벅뚜벅 걸어 나아갈 것입니다.

나는 작년 이 무렵 새로 출발하는 제9기 총학에게 세 가지를 이루어주도록 부탁했습니다. 첫째, 총학이 대학을 도와 KCU 교육의 품질을 높여줄 것. 둘째, KCU의 품격과 신뢰도를 높여줄 것. 셋째, KCU발전을 견인해줄 것 등이었습니다.

제9기 총학은 수시로 오프모임을 개최하여 온라인 교육의 한계를 극복하게 하였고, 밖으로는 참여와 리더십을 발휘하여 KCU

의 품격과 신뢰도를 높였습니다. 그리고 '1+1 행사' 등을 추진하여 학교 발전을 이끌었습니다. 제9기 총학은 이렇게 무거운 짐을 지고 지난 1년을 묵묵히 걸어왔습니다.

무거운 짐은 겸손한 사람이 집니다.
무거운 짐은 희생하는 사람이 집니다.
무거운 짐은 사명감 있는 사람이 집니다.

제9기 총학이 어느 때보다도 무거운 짐을 졌던 것이 KCU 구성원 모두에게 두고두고 이어가야 할 역사로 남기를 바랍니다. 많은 사람이 참여하고 오래 이어가지 않으면 역사가 아닙니다.
제9기 총학생회 안윤수 회장 그리고 임원 여러분. 수고했습니다. 고맙습니다.

멘토는 스승이자 인생 길라잡이다

···   사랑하는 한국사이버대학 러닝메이트 여러분! 환영합
니다. 그리고 고맙습니다.

우리 대학에서는 일찍이 여러분에게 러닝메이트(Learning Mate)
라는 호칭을 부여했습니다. 하지만 보다 보편화된 호칭은 '멘토'
입니다. 사이버 교육은 자기 주도적 학습이므로 다른 어떤 학습방
법보다도 멘토를 필요로 하지요. 그러나 멘토라는 말은 자기 설명
력이 부족해서인지 정이 가지 않았습니다. 그래서 이 점을 거의
완벽하게 보완할 수 있는 '러닝메이트(학습동반자)'로 여러분을
호칭하기로 했던 겁니다.

멘토라는 말의 유래는 이러합니다. 고대 트로이와 그리스 사

이에 전쟁이 벌어집니다. 무려 10년간 지속된 이 전쟁은 트로이 목마로도 유명합니다. 트로이의 명장 오디세우스가 전장으로 떠나면서 한 친구에게 사랑하는 아들의 훈육을 부탁합니다. 그 친구의 이름이 바로 멘토였습니다. 그러니까 멘토란 스승과 안내자의 역할을 함께 수행하는 일종의 길라잡이를 뜻합니다.

가장 모범적이었던 멘토는 앤 설리반이었습니다. 그의 어린 시절은 비참하리만큼 불우했습니다. 어머니와는 일찍 사별했고 아버지는 있으나 마나 한 알콜 중독자였습니다. 어린이 보호소에 함께 수용되었던 동생마저 죽었을 때 그는 제 정신이 아니었습니다. 그리고 불운이 겹쳐 앞까지 보지 못하게 되자 자살을 시도하는 지경에 이릅니다. 이 무렵 '로라'라는 천사가 나타납니다. 설리반은 로라의 헌신적 도움으로 시각장애인 학교를 우등으로 졸업하고 마침내 거짓말처럼 정상을 회복합니다. 다시 새 사람으로 탄생한 겁니다. 그러던 그가 어느 날 신문광고를 읽게 됩니다.

'보지도, 듣지도, 말하지도 못하는 아이를 돌봐줄 사람 구합니다.'

설리반은 결심합니다. '내가 받은 사랑, 이 아이에게 돌려주자.' 그리고 그 아이를 돕기 무려 48년, 20세기 최대 기적의 주인공으로 길러냅니다. 그 아이가 바로 헬렌 켈러입니다. 헬렌 켈러는 하버드대학 산하의 여자대학 래드클리프대학을 나와 템플대와 글래스고우대학에서 각각 인문학 박사와 법학 박사 학위를 취득합니다. 이후 그는 여생을 오로지 불우한 사람을 도우며 살아갑니다. 어느 날 헬렌 켈러가 설리반 선생에게 꽃을 건네며 물었습니다. "사랑이란 꽃향기와 같습니까?" 설리반이 대답합니다. "아니다. 사랑이란 구름과 같단다. 구름은 비를 내려 만물을 활기차게 하고 성장하게 하지 않니?"

헬렌과 설리반은 사람이 아니었습니다. 천사였습니다. 보통사람으로서는 이들의 경지에 다다를 수도 없고, 뛰어넘는 것은 아예 불가능합니다. 이들의 사례를 통해 멘토의 참뜻을 이해했기를 바랍니다.

오늘은 우리 대학 러닝메이트로서 지난 1년 동안 가장 크고 많은 업적을 쌓은 재학생 또는 동문을 뽑아 시상하는 날입니다. 헬렌 켈러와 앤 설리반과 같은 큰 멘토에 관해 듣고 난 후면 행여 상 받기를 주저할 것 같아 내 말이 시작되기 전 앞당겨 시상했습니다.

수상한 러닝메이트 여러분! 그리고 비록 수상에서는 비켜났지만 지난 1년 동안 러닝메이트로서 중책을 다하신 여타 러닝메이트 여러분! 수고했습니다. 그리고 고맙습니다.

한국사이버대학교 지역학우 격려사

능력보다는 품격이 성장을 주도합니다

… 오늘 날씨가 유난히 따뜻합니다. 봄이라서 인가요? 총장을 맞아주는 여러분의 표정과 마음도 따뜻해보입니다. 그러나 이것이 봄 때문만은 아니기를 바랍니다.

'봄'은 본다는 데서 유래되었다고 합니다. 그러니까 봄은 따뜻해서 창문을 열어도 되고 그래서 창밖을 내다보는 것이 가능합니다. 그래서 돋아나는 새싹, 서둘러 터진 꽃망울, 심지어 양지바른 곳에서 게으름 피우는 강아지까지 볼 수 있을 거고요. 영남 학우 여러분! 여러분은 이 봄 자연이 가져다주는 저 많은 선물을 얼마나 즐기고 또 고마워하나요? 앞을 볼 수 없었던 헬렌 켈러가 탄식했답니다. '단 하루만이라도 눈을 뜰 수 있다면 저 아름다운 사람,

듣고 싶은 스피치, 간직하고 싶은 스피치

그리고 저 아름다운 자연을 볼 수 있을 텐데.'

　우리 대학교의 슬로건이 무엇인지 아십니까? '격이 있는 대학'입니다. 이것은 격이 있는 교직원이 모여 격을 갖춘 학생을 배출하는 대학이라는 뜻입니다. 그런데 격이 있는 대학은 대가 없이 만들어지지 않습니다. 다양하고 치밀하고 꾸준한 노력만이 이런 대학을 가능하게 합니다.

　우리가 일상에서 접하는 상품만 하더라도 그렇습니다. 즉 상품 하나를 품위 있는 명품으로 키워내기 위해서는 다음과 같은 다양한 노력을 치밀하게 그리고 꾸준히 해야 합니다. 첫째, 우선 상품 자체의 품질이 높고 개성이 있어야 하며 심지어 포장과 상표 이미지까지도 고급스러워야 합니다. 둘째, 가격도 상품의 품격에 어울리도록 책정해야 하죠. 고가여야 하며 일단 가격이 결정되면 함부로 할인해서도 안 됩니다. 셋째, 이 상품을 유통하기 위한 경로의 이미지 또한 문제가 됩니다. 고품격 상품을 고급 백화점이나 전문점만을 통해 유통하는 것은 우연이 아닙니다. 넷째, 촉진도 마찬가지입니다. 품격을 훼손하지 않도록 광고 카피의 디자인도 신경을 써야 하지만 동시에 품위 있는 매체만을 고집하게 되는데, 지명도나 신뢰도가 높은 신문이나 방송 채널을 이용하는 것이 상식입니다.

　상품의 품위를 유지하기 위해 이렇게 치밀한 노력을 기울여야 한다면 사람의 품위를 높이고 유지하는 일이 쉬울 수 없다는 것은 너무나 자명한 일이 아니겠습니까? 어떻게 해야 품위 있는 사람이 될까요? 무엇보다도 마음이 따뜻하고 곧아야 합니다. 그리고 그런 마음이 행동으로 표출되어야 합니다. 예컨대 품위 있는 사람은 식탁에서 같이 식사하는 사람, 조리하는 사람은 물론 심지어 설거지할 사람까지 의식해서 이들에게 고마워하고 이들을 도우려 합니다. 예를 들어 밥을 먹고 나서 밥그릇에 물을 붓는 것은 설거지하는 사람을 돕기 위함입니다.

품위유지에 훈련이 되어 있는 사람은 외모와 의상같이 사소해 보이는 것에도 신중을 기합니다. 외모에 있어서는 당연히 단정하고 청결해야 함을 우리는 잘 알고 있습니다. 그러나 의상, 즉 옷 입는 일에는 품위에 배치되는 결정을 하는 경우를 자주 목격합니다. 『성공하는 사람들이 옷 입는 비결』이라는 책이 있습니다. 이 책에는 사회생활을 하는 남자가 세련되게 옷 입는 공식을 소상히 설명합니다. 그리고 결론에서 이렇게 일깨워 줍니다. "앞에서 설명한 공식대로 옷을 입으면 멋쟁이 드레서가 된다. 그러나 정작 옷을 잘 입을 줄 아는 사람은 그날 만날 사람이 누구이고 참석하는 행사가 어떤 행사이냐를 파악해서, 만나는 사람과 참석하는 행사 분위기에 맞춰 옷을 입을 줄 아는 사람이다." 사업에 실패한 친구를 만나러 나가며 사치스러운 옷을 입고 나간다면 그는 옷을 입을 줄 모르는 사람이라는 뜻입니다.

KCU 부산 영남 학우 여러분! 지식인이 되는 것도 쉽지 않지만 품위 있는 사람이 되는 것은 더더욱 어렵습니다. 여러분 스스로의 폭넓고 끈질긴 노력 없이는 여러분을 보다 품격 있는 인간으로 성장시켜 나갈 수 없습니다. 여러분이 더 품격 있는 인간으로 성장하지 않고는 KCU가 격이 있는 대학으로 남아있는 것은 불가능합니다. 그러나 어떤 경우라도 KCU는 '격이 있는 대학'으로 남아 있겠다는 목표이자 꿈을 포기하지 않을 것입니다. 아니, 포기할 수 없습니다. 왜냐하면 업무능력보다 품격이 학생들의 성장과 성공에 더 결정적으로 기여한다는 것이 KCU의 믿음이기 때문입니다.

부산·영남 학우 여러분의 성장과 성공을 간절히 바랍니다.

감사합니다.

윤리에 바탕한 신지식인이 국가경쟁력입니다

...　　작년 세계사이버대학 총장 회의에 참석하기 위해서 스페인을 다녀왔습니다. 스페인을 오가는 데 편도 11시간이 소요됩니다. 갈 때는 회의 준비 때문에 11시간이 길지 않았지만, 돌아올 때 11시간은 이것을 메꿀 방안이 따로 있어야 했습니다. 그래서 비행기에 비치된 뉴스위크지와 경제지를 읽었습니다.

　뉴스위크지에는 이런 기사가 실려 있었습니다. "미국의 국가경쟁력이 기울고 있다. 그 이유는 미국 대학이 어렵사리 교육시켜 놓은 인재들이 미국을 떠나고 있기 때문이다. 특히 인도와 같은 개발도상국 유학생들의 이탈이 문제이다." 그리고 경제지에서는 한국경제를 우려하는 글이 눈에 들어왔습니다. 과거에는 일본의 기술과 중국의 값싼 노동력에 치였지만, 앞으로는 일본의 기술과 중국의 기술 틈바구니에서 고전을 면치 못한 것이라는 기사였습니다.

　두 기사가 공통으로 은유하고 있는 주장이 무엇이겠습니까? 잘 교육된 인력을 풍성하게 확보하는 것이 곧 국가 경쟁력이라는 말이 하고 싶었던 거겠죠. 과거에는 지식인을 소수의 전문인 즉 과학자, 의사, 교수 등으로 규정하고 나라의 경쟁력이 이들의 규모와 질에 의존한다고 생각했습니다. 그러나 현재는 '신지식인'이라 하여 지식인의 범위를 확장합니다. 신지식인은 특정 계층이나 직종에 상관없이 맡은 일과 관련해서 필요한 지식을 개발, 습득, 활용하여 주변을 꾸준히 개선하고 혁신해가는 사람을 지칭합니다. 그러니까 개인, 조직, 국가의 경쟁력은 소수 전문인의 지적 수준에 의해서도 좌우되지만, 일에 참여하는 모든 인력의 지적 수준과 개선 능력에 의해서도 결정된다는 것입니다.

　신·편입생 여러분! 여러분 중에 상당수는 신지식인이 되기 위해 KCU에 오셨을 것입니다. 그리고 더러는 더욱 전문성이 높은 지식인이 되기 위한 발판을 마련하기 위해 오셨을 거고요. 여러분들이 궁극적으로 지향하는 바가 무엇이든 스스로를 부지런히 연찬해서 더 큰 가치를 창출할 수 있는 능력을 개발하는 것은 신지식인 사회를 살아가는 여러분 모두의 의무입니다. 여러분 하나하나의 지적능력이 모여 국가경쟁력을 결정하기 때문입니다.

그런데 여러분이 대학에서 얻어가야 하는 것은 지적능력이 다가 아닙니다. 이것에 부수해서 여러분이 연찬해야 할 가치가 또 있습니다. 요즘 세계 유수 대학들이 채택하는 교육모형이 있습니다. 'I 모형'이 그것입니다. 첫째, 영문대문자 I에서 수직으로 선 기둥은 지식을 말합니다. 그러니까 지식을 주는 것이 대학교육의 중심적인 기능입니다. 둘째, 밑의 토대를 이루는 횡선은 윤리, 규범을 의미합니다. 이것을 바탕으로 하지 않은 지식은 위험하다는 겁니다. 바꿔 말하면, 지식이 윤리를 바탕으로 할 때 비로소 안전하고 유익해질 수 있다는 말입니다. 셋째, 머리에 있는 횡선은 세계화입니다. 지식은 지구촌 시민을 이해하고 품는 데 쓰여야 한다는 주장입니다. 그럴 수 있도록 지식인 모두가 가슴을 열어야 한다는 뜻입니다.

KCU는 여러분에게 'I 모형'의 교육을 하려고 합니다. 이제 이 가르침을 받아들여 신지식인으로 거듭나느냐의 여부는 여러분에게 달려있습니다. 온라인 교육은 자기 주도적 교육이니까요. 여러분이 여러분 스스로를 부단히 깨우고 격려해야 합니다. 잠시도 나태해서는 안 됩니다.

이제 여러분은 KCU에서 학업을 시작합니다. 우리말에 '시작이 반이다'라는 말이 있습니다. 이것은 거짓말입니다. 스스로 시작할 줄 모르는 사람을 격려하기 위해 만든 말일 뿐입니다. 여러분은 스스로 알아서 시작했습니다. 그리고 시작은 시작일 뿐 결코 도달을 의미하지 않습니다. 도달은 적지 않은 고통과 인내를 요구합니다.

나는 4년 뒤 여러분 모두가 목적지에 안착할 것을 의심치 않습니다. 배움에 절절한 여러분과 가르치는 일에 진지한 KCU가 만났기 때문입니다.

간절히 빕니다. 하늘에 기도합니다. 4년 뒤 우리가 함께 이룩할 큰 성취에 대해 서로 자랑스러워할 수 있기를. 여러분의 건투를 기대합니다.

감사합니다.

KCU는 해리포터의 호그와트

... 　　신입생 여러분! 한국사이버대학교에 오신 여러분을 두 팔 벌려 환영하고 축하합니다.

　여러분이 한국사이버대학을 선택하여 진지한 배움의 길로 들어서신 이 순간은, 아마도 여러분께 가장 중요한 결단과 혁명의 시기가 아닌가 생각됩니다. 마찬가지로 인류의 역사에도 가장 중요한 혁명이 세 번 있었습니다. 최초의 혁명은 도구를 사용하고 직립 보행을 하게 된 인간을 원시적인 수렵 생활에서 벗어나게 했던 농업혁명입니다. 농업혁명에 이어 나타난 산업혁명은 인류의 생활양식에 격변을 유발하며 지구적 삶의 양식인 자본주의 시스템을 만들어내기에 이르렀습니다. 마지막 혁명은 앨빈 토플러의

『제3의 물결』에서 예견되었던 정보혁명입니다. 엄청난 속도로 진화하는 매체와 정보의 폭발은 지금까지의 삶과는 다른 사이버공간의 삶을 가능케 했습니다. 이 매체와 정보의 혁명이 바로, 여러분이 선택한 사이버대학 열풍을 몰고 온 배경이 됩니다.

우리 한국사이버대학교는 이러한 미래를 예견하며 지금으로부터 10년 전, 국내 최초의 사이버대학으로 탄생했습니다. 우리 대학은 연세대를 비롯한 전국 57개 명문대학이 공동으로 설립·운영하는 국내 최대의 사이버대학입니다. 97년 개교 이래 25만 명의 학생을 배출해왔고, 지금도 무한미디어 시대의 최전선에서 세계를 향한 온라인 교육의 미래를 열어가고 있습니다. 우리 대학은 교육 경험과 물적 자원 등 많은 부문에서 당당히 교육부 평가 1위를 달리고 있는 자랑스러운 여러분의 모교인 것입니다.

여러분! 여러분도 수년간 세계적인 선풍을 불러일으켰던 소설 『해리포터』를 아실 것입니다. 이 『해리포터』에는 '예언자 일보'라는 것이 나옵니다. 예언자 일보는 단순히 읽는 것이 아닌, 신문 속의 사진이 움직이고 말하는 마법의 신문입니다. 이 예언자 일보에서처럼 여러분은 인터넷 동영상으로 강의를 들으며 배우는 실로 마법 같은 시대를 경험하게 될 것입니다.

또한 『해리포터』 시리즈에는 주인공이 다니는 '호그와트'라는 명문 학교가 있습니다. 어쩌면 우리 대학은 마법 같은 21세기를 알아본 예언자적인 눈과, 최첨단의 전자 기술, 정보혁명 시대가

만들어 낸 호그와트라고 해도 과언이 아닐 것입니다. 미래를 바라
보는 예언자적인 눈이 우리 대학을 탄생시켰듯, 여러분은 최첨단
의 학습커리큘럼과 교육서비스를 누리며 우리의 삶을 바꾸어갈
창조적인 지식과 지혜를 습득하게 되실 것입니다.

특히 올해는 우리 대학이 개교 10주년을 맞는 의미 있는 해입
니다. 세계적인 명문 사이버대학 KCU를 꿈꾸며, 현재 우리는 '비
전 2010'이라는 중장기계획을 중심으로 전 학생과 교수, 교직원
이 한 덩어리가 되어 힘찬 도약을 준비하고 있습니다.

이렇게 중대한 시기에 신입생이 되신 여러분께서 우리 대학의
미래가 되어주실 것을 의심하지 않습니다. 시대변화에 발맞추어
나아가지 않고 한 자리에 머물게 된다면 우리 인생의 멋진 미래는
장담할 수 없습니다. 새로운 배움과 만남의 장인 이곳에서 다양한
지식, 삶의 지혜를 얻으시고, 힘찬 미래를 준비하시기 바랍니다.

항상 여러분의 앞날에 희망과 행복이 함께하길 기원합니다.

감사합니다.

가르치는 사람이 존중받는 나라에 미래가 있습니다

···   1982년 즈음의 일이었습니다. 정부에서 교통분야정책 심의위원회 구성을 마치고 첫 회의를 가졌습니다. 위원은 담당부처 차관을 비롯해서 모두 7명이었고, 그중 교수는 내가 유일했습니다. 그리고 위원 중에는 백선엽 장군이 포함되어 있었습니다. 아시겠지만 그분은 한국전쟁의 영웅으로 우리 군은 물론 미군으로부터도 존경받는 분입니다.

명함을 주고받으며 인사를 나눈 뒤 자리를 정해 앉으려 할 때입니다. 좌중에서 제일 연장자인 백 장군이 굳이 나를 지목해서 상석에 앉으라고 했습니다. 제가 참석자 중 가장 어렸는데 말입니다. 몇 번의 사양도 통하지 않았습니다. 결국 백 장군의 뜻대로 전

원이 좌정하게 되었습니다. 그러나 백 장군을 제외한, 나를 포함하여 누구도 '왜 이우용이 상석을 차지하게 되었는지' 이해하지 못했습니다. 아니, 의아스럽게 생각했습니다. 이를 의식했는지 백 장군이 드디어 그 이유를 설명했습니다.

"제가 이 교수님을 굳이 상석에 앉으시도록 한 이유는 이렇습니다. 가르치는 중임을 맡으신 분을 가장 높은 자리에 앉으시도록 하는 나라여야 앞날이 트인다고 믿고 있기 때문입니다."

신임 교수 여러분! 백 장군이 이렇게 말할 때, 스승이면 누구나 다 전제 조건 없이 이런 대우를 받아야 한다는 뜻이었을까요? 물론 아니죠. 스승이 스승다울 때 그렇게 대접해야 한다는 뜻이었을 겁니다. 스승이 스승의 소임을 다 했을 때, 그렇게 대접해줘야 한다는 뜻이었을 것입니다.

그렇다면 누가 스승다운 스승인가요? 누가 교수다운 교수냐는 말씀입니다. 교수다운 교수의 상식화된, 그래서 일반화된 요건은 지적능력과 기능입니다. 연구를 통해 해박한 전공 지식을 확보하고 이것을 학생에게 전달하는 능력과 기능 말입니다. 그렇습니다. 이게 교수의 가장 중요한 능력이고 기능임에는 틀림이 없습니다. 그래서 유수한 대학을 포함해서 세계 대학들이 이를 지표삼아 교수를 평가하고 있습니다.

그런데 말입니다. 지적능력만으로 사회가 우리 교수들에게 바라는 새롭고 폭넓은 책무를 다 해낼 수 있을까요? 그래서 스스로에게 자긍심을 갖고 만족해하며 살 수 있을까요? 답은 '아니올시다.'입니다. 그렇다면 교수다운 교수가 추가적으로 우리 학생들에게 무엇을 일깨우고 가르쳐야 하나요?

첫째, 꿈을 갖도록 해야 합니다. 마틴 루터 킹이 말했습니다. "이 세상 모든 것은 꿈이 만들었다"고. 꿈 없이는 아무것도 이룰 수 없습니다. 둘째, 상상력을 신장시켜주는 교육입니다. 얼음이 녹으면 무엇이 되냐는 질문에 '물이 된다'고 대답하는 대신 '봄이 온다'고 대답하게 하는 교육 말입니다. 상상력 없이는 어떤 새로움에도 다가갈 수 없습니다. 셋째, 긍정적으로 사고하게 만드는 교육입니다. 장미를 보고 '저렇게 예쁜 꽃에 저런 날카로운 가시가!'라고 안타까워하는 대신, '험한 가시나무에 어떻게 저렇게 아름다운 꽃이!'라고 반기는 사람을 만드는 교육 말입니다. 긍정적 사고만이 성취와 행복을 가져다줍니다. 넷째, 따뜻한 가슴을 갖게 하는 교육입니다. 누구도 그가 받은 것으로 사랑과 존경받지 못하며, 오직 그가 준 것으로 사랑과 존경을 받는다는 것을 믿게 하는 교육이어야 한다는 뜻입니다.

신임 교수 여러분! 이런 교육은 쉽지 않습니다. 그러나 불가능하지도 않습니다. 제가 작년 경영학 원로에게 주는 '상남경영학자' 상을 받고 한 스피치에서 후배 경영학자들에게 당부한 말입니다.

"이제 여러분 서가에 30%는 문학, 예술을 포함해서 인문, 교양서적이 꽂혀 있어야 합니다. 이제 여러분에게도 학생들의 꿈과 상상력을 촉발하고 이들에게 이웃을 품을 수 있는 따뜻한 가슴을 갖게 하는 교육을 하라는 부가적인 책임이 주어질 것이기 때문입니다."

신임 교수 여러분! 버거운 부탁을 해서 미안하고 안쓰럽습니다. 그러나 그런 교육은 꼭 필요합니다. KCU 학생을 위해서, 여러분을 위해서, 그리고 이 나라의 미래를 위해서.

여러분 모두가 KCU에서 교수다운 교수로 오래오래 기억되고 추앙받기를 간곡히 바랍니다.

감사합니다.

학생에 대한 연민이 있는 교수만이 최고의 스승이 될 수 있습니다

…　　신임 교수 여러분! 여러분은 '페라가모'라는 명품 브랜드를 아시죠? 페라가모는 종합패션 브랜드이지만 그 출발은 구두였습니다. 브랜드의 주인 살바토레 페라가모는 이탈리아의 가난한 농가 출신입니다. 그는 어려서부터 구두에 남다른 애착을 가지고 있었습니다. 열세 살 때는 아버지를 졸라 동네에 구둣가게를 열었습니다. 그러나 이에 만족할 수 없던 소년 페라가모는 드디어 미국으로 건너가 둥지를 틉니다. 그리고 밤낮을 가리지 않고 오로지 아름답고 착용감 좋은 구두를 만들어 내는 것에 헌신합니다. 마침내 그의 구두가 오드리 헵번 같은 세계적인 배우의 눈을 사로잡았고, 그의 구두는 드디어 명품 반열에 진입합니다.

어느 기자가 그에게 성공의 비결을 물었습니다. 그의 대답은 이러했습니다. "고객에 대한 연민이죠. 만약 내가 처음부터 돈을 염두에 두었다면 애시 당초 불가능했던 일이었습니다. 편하면서도 아름다운 구두를 만드는 것이 내 목표의 전부였어요." 그는 발이 편한 구두를 만들기 위해 UCLA에 들어가 해부학을 전공하기까지 했습니다. 이른바 인본주의, 고객 중심주의 같은 높은 가치를 궁극적인 경영 철학으로 삼았기 때문에 그는 성공할 수 있었던 것입니다.

『기업문화와 성과』라는 책을 공저한 짐 헤스켓과 존 카타도 이에 동조합니다. 그들은 "높은 가치를 목표로 설정하고, 이를 실천하는 기업만이 성공할 수 있을 뿐 아니라 그 성공을 지속할 수 있다."고 말했습니다.

자, 기업이 그러하다면 대학은 두말할 필요조차 없는 것 아닙니까? 교육을 담당하는 대학도 가르침의 일선에 서 있는 교수도 가치와 철학을 딛고 서 있어야 하는 것 아닙니까?

한국개발연구원(KDI) 산하에 KDI School이 있습니다. 주로 국내외 공무원과 경영자를 대상으로 행정학과 경영학 위주의 석사 과정을 운영하는 곳입니다. 이 학교에 영어를 가르치는 여교수 한 분이 있었습니다. 영어를 가르치는 그이는 강의 평가에서 늘 1등이 아니면 2등을 합니다. 이 학교에서 영어는 보조적인 과목에 불과했는데도 말입니다. 어떻게 이런 일이 가능했을까요?

이 교수의 몸에 체질화된 성실성과 학생에 대한 연민이 그 이유였습니다. 무엇보다도 이 교수는 살아있는 영어를 가르치려 안간힘을 기울였습니다. 그는 영어 교수임에도 불구하고 행정학과 경영학을 틈틈이 익혔습니다. 학생들의 전공이 이 두 분야였기 때문에 이를 이해해야 살아있는 영어를 가르치는 게 가능하다고 믿었기 때문이었습니다. 그의 가르침은 수시로 학교의 담장을 넘었습니다. 방과 후 또는 주말 그는 학생들을 밖으로 불러냈습니다. 식사하며 공연을 보며 그의 가르침은 계속되었습니다. 외국인 학생에 대한 그의 애정은 더더욱 유별났습니다. 식사 및 공연초대는 물론 문화유적 답사를 주선할 뿐 아니라 때로는 미처 거처를 마련하지 못한 학생들에게 아파트의 노는 방을 쓰도록 배려하기도 했습니다.

이 여교수가 왜 강의 평가에서 항상 정상을 차지했는지 아셨습니까? 왜 모든 학생들의 사랑과 존경을 한 몸에 받았는지 아셨습니까? 이제 한국사이버대학에 새로 부임하신 여러분에게 바랍니다. 여러분이 단지 교수만이 아니기를. 여러분에게 간곡히 청합니다. 교수와 더불어 멘토이기를. 그래서 학생들에게 가르침도 주시고 삶의 길라잡이도 되어주시길. 그래서 우리 학생들과 대학의 사랑과 존경을 한 몸에 받으시기를.

멘티 헬렌 켈러가 멘토 설리반 선생에게 꽃을 건네며 물었습니다. "사랑이란 꽃 향기와 같지요?" 설리반이 대답했습니다. "사

랑이란 구름과 같단다. 구름은 비를 내려 만물에 활기를 불어넣고
성장하게 만들지 않더냐?"

신임교수 여러분. 부디 KCU의 구름이 되어주십시오. 그리고
KCU에서 봉사하시는 동안 행복하십시오.

감사합니다.

듣고 싶은 스피치, 간직하고 싶은 스피치

5

각 학회 회장, 공기업 평가단장,
원격대학협의회 회장으로 스피치하다

The Starry Night. oil on canvas. Vincent Van Gogh, 1889

한국경영학회를 비롯한 세 개 학회의 회장, 공기업평가단장,
한국원격대학협의회 회장의 자격으로 회원 또는 단원들에게 할
스피치를 준비하면서는 엉뚱한 생각이 들곤 했다.
전례적인 틀에서 벗어나는 스피치를 했을 때 듣는 사람들이
오히려 낯설어하고 불편해할지도 모른다는 생각이 그것이었다.
그러면서 동시에 비감한 감회도 갖게 되었다.
이들 대부분이 대학교수들이고 따라서 누구보다도 혁신적이고
진취적이어야 하는데 왜 이들에게 하는 스피치의 틀과 내용이
새롭고 파격적이면 안 된단 말인가?

내 맘대로 판단한 것이지만 결국 전통적인 포맷을
벗어나지 않기로 했다. 그리고 애시당초 스피치의 목적을
정보전달에 국한했다. 설득하려 하지 않았다.
그러나 사이버대학연합회 모임에서 말한
마지막 스피치에서는 내 스타일로 회귀할 수 있었다.
청중이 달랐으므로.

한국경제학회와는 달리 한국경영학회는 정부의 정책결정과정에서
멀찌감치 물러나 함구하는 것이 오랜 관례로 굳어 있었다.
경영학회 회장직을 맡고 있는 동안 이를 깨보려고 무진 애썼다.
기회 있을 때마다 설득하고 또 설득했다.
이 목적을 위해서만은 강한 스피치를 주저하지 않았다.

한국경영학회 회장의 자리를 물러납니다

··· 저는 오늘 경영학회 회장의 임기를 마감합니다. 여행을 시작하는 사람은 앞을 내다봅니다. 하지만 여행을 마감하는 사람은 뒤를 돌아다보게 마련입니다. 정확히 1년 전, 저는 여러분에게 약속했습니다. 한국 경영학회 중흥을 위해 다음 몇 가지 사업을 추진하겠노라고.

첫째, 우리 학회 운영의 틀인 정관이 많이 흐트러져 있어서 이것을 정비하겠다고 했습니다. 우리 정관은 무엇보다도 40여 년 전에 만들어져서 오늘의 현실에 부합하지 않을 뿐 아니라, 그동안 필요에 따라 이곳저곳을 개정했기 때문에 일관성에도 문제가 있었습니다. 이를 바로잡기 위한 위원회를 구성해서 정비 업무를 완

료했고 이미 이사회를 통과해 오늘 총회의 의결을 기다리고 있습니다.

둘째, 한국경영학회가 통합학회로써의 기능을 보다 충실히 수행할 수 있도록 하겠다고 말씀드렸습니다. 지난 8월 개최되었던 '경영 관련 학회 통합 학술대회'는 어느 때보다 성황리에 치러졌습니다. 고객만족학회 등 3개 학회가 추가로 참여했고, 참석인원은 예년에 비해 20%정도 증가했었습니다.

셋째, 우리 학회의 사회참여 및 정책참여의 비중을 높이겠다고 했습니다. 이를 위해 작년 4월 대통령 인수위가 내놓은 설익은 정책들을 중진 교수들로 하여금 치밀하게 평가하고, 이들을 대체할 수 있는 안을 개발하도록 했습니다. 그리고 그 결과물을 청와대와 정책당국에 보냈습니다. 이에 추가해서 지난 1월에는 경제·경영학계가 정부의 빗나간 경제정책을 꾸짖는 성명서를 발표한 바 있습니다.

넷째, 학회 시상제도도 손질했습니다. 기존에는 대기업 총수를 대상으로 경영자 대상을 수여했습니다. 이것을 둘로 나누어 하나는 기업에 다른 하나는 경영자에게 드리기로 했습니다. 전자는 '경영학자 선정 최우량 기업상'으로 명명하여 1차로 삼성전자에 수여했습니다. 후자는 '경영대상'으로 명칭을 정하였으며 잠시 후 시상식이 있을 예정입니다.

다섯째, 우리나라 경영학 연구와 교육의 발전을 위한 분위기를 조성해보겠노라고 공약한 바 있습니다. 그 방안의 일환으로 '경영대학 인증제'를 도입하기로 하고, 이 분야에 전문성을 다지신 두 분 교수님께 연구해주시도록 위촉한 바 있습니다. 잠시 후 이분들의 연구 결과를 접하시게 될 것입니다.

마지막으로, 우리 학회의 예산을 좀 더 여유롭게 만드는 일도 학회장이 해야 할 당위라고 판단했습니다. 다행히 2억 2천만 원을 모을 수 있었고, 4천여만 원의 여유를 남겨 차기에 넘겨드릴 수 있게 되었습니다. 다행으로 생각합니다.

돌이켜보면 이 모든 사업이 제게는 하나같이 벅찬 것들이었습니다. 그러나 부회장님, 이사님들, 그리고 회원 여러분의 격려와 도움으로 차질 없이 이룰 수 있었습니다. 감사드립니다.

임기를 마감하는 오늘, 저는 팽팽한 포만감과 행복감에 흠뻑 젖어있습니다. 이루려던 것을 이룰 수 있어서이기도 하지만, 또 다른 이유가 있기 때문입니다. 우선 온갖 위협과 위험을 무릅쓰고 이 나라 경제와 정치 발전을 위해 직언을 마다하지 않으시는 박용성 대한상공회의소 회장님을 오늘 기조 강연 연사로 모시게 되었습니다. 박 회장님. 감사합니다. 다음으로 탁월한 경영능력으로 공적자금 지원 없이 IMF의 위기에서 대우 종합기계를 다시 일으켜 세우신 양재신 사장님께는 '경영대상'을 드리게 되었습니다. 양 사장님. 축하합니다. 그리고 연구와 교육에 있어서는 물론 대학경영에서도 참 경영학자가 어때야 함을 우리 모두에게 안내해주신 김기영 교수님께서는 올해 상남경영학자상의 주인공이 되셨습니다. 이는 제 개인은 물론 우리 회원 모두의 기쁨이 아닐 수 없습니다.

제가 마음 든든해 하고 행복할 수밖에 없는 마지막 이유는 제가 바톤 터치할 차기 회장님의 능력과 인품 때문입니다. 어윤대 차기 회장은 경영학계는 물론 사회의 신뢰와 사랑을 받는 분입니다. 이분이 신장시켜 놓으실 우리 경영학회의 위상을 상상해보는 것만으로도 가슴 뿌듯합니다.

이제 제 임기도 인사 말씀도 마감할 때가 되었습니다. 친애하는 한국경영학회 회원 여러분. 저를 이 자리에 앉혀주셨고 큰 실수 없이 주어진 소임을 다할 수 있도록 격려해주신 여러분께 머리 숙여 감사드립니다. 그리고 한국경영학회가 여러분의 하나 된 노력과 헌신으로 더 크고 높은 학회로 성장해나가기를 간절히 바라며 한국경영학회 회장의 자리를 물러갑니다.

감사합니다.

정치가 만든 뜬구름 정책, 한국경영학회가 점검해야

...　　　우리가 자주 쓰는 한문 문귀 중에 '春來不似春(춘래불사춘)'이라는 말이 있습니다. 이 말은 원래 '胡地無花草 春來不似春(호지무화초 춘래불사춘)'이란 구절 중 앞부분이 생략된 것입니다. 오랑캐 땅에 꽃과 풀이 보이지 않으니 봄이 왔으되 봄 같지가 않다는 뜻입니다.

　바로 이 봄이, 봄 같지 않은 봄입니다. 생동감이 보이지 않습니다. 희망이 실종되었습니다. 특히 경제가 그렇고 경제의 주역인 기업이 그렇습니다. 왜일까요? 원인의 상당 부분은 밖으로부터 온 것입니다. 이라크전쟁, 북핵 문제, 심지어 괴질 사스(SAS)가 그것들입니다. 그러나 적지 않은 원인은 우리 안쪽으로부터 유래한 것입니다. 무엇보다 새 정부가 막 들어섰고, 정부가 내놓은 정책의 생경함과 불확실성이 경제인들로 하여금 갈피를 못 잡게 하고 있습니다.

세계적인 정치 지도자 윈스턴 처칠이 지적했듯이 정치인이란 원하는 자리에 당선되기 위해 공약을 있는 대로 부풀리고, 막상 당선이 되어서 공약한 것을 이행하지 못할 때 잘 얼버무리고 합리화하는 사람입니다. 정치인의 약속은 곧이곧대로 들을 게 못 된다는 충고로 들립니다.

새 정부가 내놓은 대부분의 정책은 대통령의 선거 공약을 바탕으로 깔고 있습니다. 그러나 정책은 공약이어서는 안 됩니다. 정책은 구체적이어야 하고 실천 가능해야 합니다. 그것을 실행했을 때 의도하는 목적에 다다를 수 있어야 합니다. 물론 어느 때보다도 방대한 인수위가 구성되었다니 나름 신중을 기한 부분이 없지 않을 것입니다. 그럼에도 불구하고 기업 정책에 관한 한 다음과 같은 개연성이 엿보입니다.

첫째, 정책을 마련하는 데 허용된 절대 시간의 한계 때문에 다각도에서 필요한 만큼 충분한 검토를 하지 못했을 것입니다. 둘째, 인수위 구성원들이 주로 경제학자들이었기 때문에 거시적 안목만으로 접근했을 가능성이 높습니다. 셋째, 정책을 시행하기 위한 구체적인 방법에 있어서 실질성과 효과성에 개선의 여지가 있어 보입니다.

이제 오늘 이 심포지엄의 역할과 기능이 자명해졌습니다. 이 심포지엄에서는 새 정부의 기업 관련 시책 하나하나를 경영학적 시각에서 곱씹어 봐야 합니다. 이들 정책의 타당성을 점검하고, 타당한 정책에 대해서는 이를 시행하기 위한 방법을 제시해야 합니다. 그리고 이들 정책을 평가함에 있어서 '경쟁력'이라고 하는 잣대를 시종일관 적용해야 할 것입니다.

아무쪼록 오늘의 심포지엄을 통해서 새 정부가 내놓은 기업 관련 정책의 완성도가 한껏 제고되기를 바랍니다. 그리고 궁극적으로 기업 경쟁력과 국가 경쟁력이 한 차원 올라설 수 있기를 소원합니다.

이 심포지엄을 위해서 우리 경영학계와 실무계의 중진들을 대거 모셨습니다. 이분들은 각자 담당하신 주제에 관한 한 최고의 권위들이십니다. 이분들에게 감사드립니다. 이 모임을 후원해주신 한국경제 최준명 사장님, 대회 장소를 제공해주신 은행협회 신동혁 회장님께도 특별한 감사를 드립니다. 그러나 누구보다도 제 충심으로부터의 감사를 받아야 하실 분들은 경영학회 회원 여러분과 내외 귀빈들이십니다.

오늘 이 모임이 의도하는 바를 차질 없이 이룰 수 있도록 여러분의 도움을 간절히 청합니다.

감사합니다.

수령으로 빠져들어가는 공기업 건져내기

...   요즈음 우리 경제에 불길한 조짐이 나타나기 시작했습니다. 아시다시피 그동안 우리 경제는 금융 자유화와 시장개방 조치에 힘입어 제법 활기차게 돌아가는 듯이 보였습니다. 얼마 전까지만 해도 외국인 투자가 늘고 국내 기업도 호기를 놓칠세라 투자와 고용의 폭을 키워왔습니다. 소비도 덩달아 오르고 있었습니다. 그런데 이러한 상서로운 경제지표들에 빨간불이 켜졌습니다. 외국인들이 투자했던 돈, 빌려줬던 돈을 회수하기 시작했습니다. 여기저기서 기업의 비명소리가 들립니다. 은행이 휘청거리고 있습니다.

최근 출간되어 주목을 끌고 있는 책이 있습니다. 켄 블렌차드와 미셸 오코너가 지은 『Managing by Value(가치에 의한 경영)』 이란 책이 그것입니다. 이 책이 주장하는 바는 두 가지입니다. 하나는, 기업은 그 사회가 환영하는 건전한 가치를 경영 목표로 설정하고 이를 성취하기 위해 최선의 노력을 기울일 때 비로소 성장하고 지속하는 것이 가능하며, 둘은, 기업은 이를 떠받치는 네 개의 기둥(고객, 근로자, 협력업체 그리고 주주)이 있는데 이들을 존중하고 이들의 이익에 기여하는 기업이어야 생존이 허락된다는 것입니다.

오늘 우리는, 위기의 수렁에 빠져드는 우리 경제를 그곳으로부터 건져내기 위한 방안을 논의하기 위해 이 자리에 모였습니다. 우리 경제의 기반이 되는 정부 투자기관에 드리워진 먹구름을 걷어내기 위한 방안을 토론하기 위해 이 자리에 모였습니다. 오늘은 블랜차드와 오코너가 언급한 네 개의 기둥 중 두 개의 기둥에 초점을 맞춰 토론하게 될 것입니다. 소유 내지 지배의 합리적인 구조와 방안, 그리고 근로 인력의 선진화된 복지정책이 논의의 중심에 설 것입니다.

모든 모임이 다 그러하지만, 특별히 학술 세미나는 참석하신 분들의 권위에 따라 그 위상이 크게 달라집니다. 세미나의 위상을 한껏 끌어올려주신 네 분을 거론 안 할 수 없습니다. 황인정 단장님, 손상문 회장님, 오연천 교수님, 그리고 박영범 교수님! 감사합니다.

오늘 이 세미나에서 의미 있고 소중한 결과를 수확할 것을 확신합니다. 그래서 위기의 늪으로 미끄러져 들어가는 정부 투자기관을 구하고 더 나아가 정부 투자기관이 떠받치고 있는 이 나라 경제도 바로 세우는 큰일에 기여할 수 있기를 바랍니다.

감사합니다.

정부투자기관 경영평가단원에 대한 단장의 당부

엄정하면서도 겸손한 평가를 당부합니다

··· 며칠 전 기획예산처로부터 전화를 받았습니다. 평가 단원의 위촉을 마무리했고, 오늘 금년도 평가를 위한 첫 번째 준비 모임을 갖겠다는 것을 알리는 전화였습니다. 그런데 단원을 물색하고 당사자의 동의를 얻어 평가단을 구성하기까지 전례 없이 난항을 겪었다는 하소연도 함께해왔습니다. 전문성 그리고 윤리성과 도덕성을 기준으로 엄선해서 '이분이다' 싶어 접근하면 거절하기 일쑤라 설득하는 데 애를 먹었다는 하소연이었습니다.

1998년도 정부 투자기관 평가단원 여러분! 여러분들은 그런 분들이십니다. 공기업 경영에 전문성이 높고 도덕성에서도 정부로부터 인정받은 분들이십니다. 평가단 단장의 무거운 짐을 진

사람으로 이렇게 마음이 놓일 수 없습니다. 여러분 감사합니다. 여러분. 환영합니다!

짐작하시겠지만 오늘 이 모임의 주된 목적은 평가를 수행하면서 우리가 따라야 할 기본 지침에 관해 정보와 취지를 나누어 갖는 것입니다. 어쩌면 이 지침이 상식적이어서 이것을 두고 장황한 설명이나 지루한 토론이 필요하지 않을 수도 있습니다. 그러나 지침에 대해 우리의 인식을 다시 한번 일깨우는 일은 일관성 있고 공평한 평가를 위해서 필수적이라고 판단합니다. 그리고 피평가기관으로부터 존중받는 평가, 그리고 궁극적으로 국가 이익에 부합하는 평가가 되기 위해서도 건너뛸 수 없는 절차라고 확신합니다.

평가는 무엇보다도 정확해야 합니다. 그러기 위해서는 첫째, 자세하고 충분한 자료의 수집이 필수적입니다. 기본적인 자료는 피평가기관이 제출할 것입니다. 이 자료에 대해서는 우선 진위여부와 정확성을 판단해야 합니다. 추가적으로 필요하다고 판단되는 자료는 주저하지 말고 요청하십시오. 충분하고 정확한 자료를 확보하기 위해서 여러분 스스로 필요한 자료의 리스트를 사전에 작성해두기를 권장합니다.

둘째, 평가는 엄정해야 합니다. 엄한 평가를 위해서는 우리 스스로 얼음처럼 냉정해져야 합니다. 어떤 외압이나 청탁으로부터도 멀어져야 한다는 말씀입니다. 제 경험에 의하면 이러한 일은 어떠한 평가에도 있어왔고, 과거 정부투자기관 평가에도 예외는 아니었습니다. 피평가기관에는 사장과 임직원들의 인사 및 경제적 이해관계가 걸려 있기 때문입니다. 아니 자존심이 걸려 있기 때문입니다.

셋째, 평가는 궁극적으로 기관의 개선과 발전을 목적으로 하고 있다는 점을 명심해주시길 바랍니다. 그러기 위해 우리의 역할에 평가뿐만 아니라 경영 지도도 포함된다는 사실을 평가 내내 기억해주시면 좋을 것 같습니다. 평가단의 이런 자세가 피평가기관의 평가단에 대한 신뢰와 존중을 이끌어 낼 것입니다.

마지막으로 평가하는 동안 겸손한 자세를 견지해줄 것도 간곡히 청합니다. 우월한 위치에 있을수록 그러해야 한다고 믿습니다. 고전주의 문학의 대표 쉴러의 말입니다. "겸손할 줄 모르는 사람이 성공한 적은 없다." 평가단원 여러분. 우리는 성공한 사람들입니다. 이 나라를 이끌어가야 하는 지도자입니다.

최근 정부가 4대 부문에 대해 제2차 경영 혁신을 단행하겠다는 결의를 표명했습니다. 4대 부분 중 하나는 당연히 공기업 부문입니다. 금년도 정부 투자기관 평과 결과는 공기업 부문의 경영 혁신사업에 중요한 자료로 쓰일 개연성이 높습니다.

평가단원 여러분! 금년 평가도 우리 모두에게 더없이 보람된 일로 기억되기를 바랍니다.

감사합니다.

한국사이버대학연합회 축사

여러 개의 돌이 서로 떠받쳐 탑이 됩니다

···　　한국원격대학협의회 가족 여러분! 오늘 한국사이버대
학 연합회가 주관하고 한국원격대학협의회가 힘을 더해 마련한
이 축제에 오신 것을 환영합니다. 여러분의 참여만으로도 이 행사
가 뜨거워지기 시작했습니다.

　금세기 석학 피터 드러커가 말했습니다. "앞으로 교육의 미래
는 전통적인 캠퍼스 밖에 있다." 이는 온라인 대학이 기존의 오프
라인 대학을 대체할 것임을 내다본 것입니다. 다국적 투자은행 메
릴 린치는 좀 더 구체적인 예측을 합니다. "머지않아 고등교육 수
요의 절반인 4천만 명 이상을 인터넷 교육이 담당하게 될 것이다."

　지금 이들의 예언이 현실화되어가고 있습니다. 세계적인 명문

MIT를 비롯한 아이비리그 대학들이 온라인 교육을 중요한 교육 대안으로 선택했고, 이는 거센 파장이 되어 세계로 세계로 번져가고 있습니다.

우리나라도 예외가 아닙니다. 비록 국내사이버대학의 역사가 10년에 불과하지만 온라인 교육의 규모와 품질은 빠른 속도로 팽창하고 있습니다. 이는 온라인 대학의 설립 근거인 법이 평생교육법에서 고등교육법으로 전환됨으로써 온라인 교육과 이를 담당하고 있는 대학의 위상이 격상된 것과 무관하지 않습니다. 만약 지금 국회에 계류 중인 '한국원격대학 교육협의회법'까지 통과되고 시행된다면 우리의 지위는 다시 한번 수직 상승할 것입니다.

그러나 아직은 아닙니다. 자만해서는 안 됩니다. 한국 사이버 대학교육은 훨씬 더 높은 키로 성장해야 하기 때문입니다. 우리가 세계 온라인 교육을 선도하는 위치에 오를 때까지 발전하고 또 발전해야 하기 때문입니다.

한사련이 마련한 오늘 이 행사가 의도하는 바는 두 가지입니다. 첫째, 이 행사를 통해 온라인 교육과 온라인 대학의 위상을 높이는 것입니다. 둘째, 더 크고 더 높게 성장할 우리의 미래를 위해 우리 모두가 하나로 뭉치는 것입니다.

돌 하나는 아무리 높아도 탑이라 하지 않습니다. 여러 개의 돌이 서로를 떠받쳐 높이 되었을 때 비로소 탑이라 부릅니다. 친애하는 사이버대학 학생 여러분! 우리 모두 서로를 떠받치고 밀어

올려 세계 대학 모두가 우러러보는 온라인 교육의 금자탑을 쌓읍시다. 그리고 오늘 이 행사가 그것을 가능하도록 만드는 주춧돌이 되게 합시다.

오늘 여러 경기에서 승자와 패자가 갈릴 것입니다. 그러나 오늘 이 행사가 모두 끝났을 때는 오직 승자만 있게 될 것입니다. 이 나라 온라인 대학 모두의 승리를 위해서 이 축제를 개최했기 때문입니다.

감사합니다.

모교 연세대 행사와 지기의 전시회에서
스피치하다

Quay with Men Unloading Sand Barges. oil on canvas. Vincent Van Gogh, 1888

제6편에는 모교 연세대학교 행사에서 말한 스피치 세 개와
지인의 미술전시회에서 행한 축사 두 개가 포함되어 있다.
연세대 관련 스피치 중 첫 번째 축사는
경영학과 교수동문회 회장자격으로 한 것이다.
전례적인 포맷을 따랐으므로 특기할 것이 없다.
단지 다소라도 지적인 스피치가 되도록 노력했을 뿐이다.

경영학과가 뒤늦게 상경대학에서 분리독립해서 경영대학으로
새출발을 했다. 따라서 빠른 시일 안에 눈에 띄는 발전을 이룩해야 하는
쉽지 않은 과제를 안게 되었다. 그 방법의 일환으로 교수들이
주요 보직을 돌아가면서 수임하는 폐습을 버리라고 강권했다.
이 충고가 연세대는 물론 대학가에 충격적 파문으로 번지기를 바랐다.

'나력'의 개념을 이용한 두 번째 스피치와 '살인적인 더위'라는 말의
근거를 소개하며 준비한 네 번째 스피치에 대한 반응은
예상을 뛰어넘었다.

미술전시회에서 말한 축사를 준비하는 데는 색다른 노력이 필요했다.
경영학을 전공하는 나로서는 익숙지 않은 계기에 해야 하는
축사였으므로. 우리나라가 문화면에서 후진성을 벗어나지 못하고
있으니 예술인들이 잦은 전시회를 통해 국민들을 흔들어 깨우는
큰 소임을 맡아줘야 할 거라는 당부가 이들에게 큰 위로와 자긍심이
되었다는 소식을 후문으로 들었다. 보람 있었다.

연세대학교 경영대학 출범식 축사

모교 경영대 출범을 축하합니다

... 　　연세대학교 경영대학의 출범을 축하합니다. 그리고 경영대가 출범하기까지 인내와 수고로움을 감수하고 견뎌내신 모교 경영학과 교수님들에게는 위로와 찬사의 말씀을 드립니다. 경영학과 교수 동문회가 이 지루하고 험한 투쟁 과정에서 시종 여러분 뒤에 머물러있을 수 있었던 것은 큰 보람이었습니다.

　　경영대학의 독립이 국내 타 대학에 비해, 특히 경쟁대학에 비해 짧게는 10년에서 길게는 20년 정도 지체되었습니다. 이 사실에 대해 모교 교수님들이 허탈해하거나 자괴감을 가질 수 있습니다. 그러나 저는 그렇게 생각하지 않습니다. 미켈란젤로는 걸작 '최후의 심판'을 완성하는 데 8년이 걸렸고, 레오나르도 다 빈치가 또 다른 걸작 '최후의 만찬'을 완성하는 데는 무려 10년이 소요되었습니다. 크고 보람 있는 일은 오랫동안의 인내와 노력이 더해져야 합니다. 저는 경영대 출범을 지연시키고 가로막은 온갖 장애물을 뛰어넘어 오늘에 이르신 여러분에게 오히려 큰 박수를 보냅니다.

문제는 시작의 이르고 늦음이 아닙니다. 경영대학의 독립이 성공하느냐 실패하느냐는 독립한 경영대학이 앞으로 무엇을 얼마나 이루느냐에 달려 있습니다. 독립한 경영대학은 그렇지 못했을 때보다 더 큰 성취와 발전을 일구어낼 수 있어야 합니다.

모교 경영대학의 도약을 간절히 바라는 동문의 한 사람으로 주제넘은 제안을 드리려고 합니다. 이것은 경험을 바탕으로 한 제 소신이고 신념입니다. 첫째, 발전과 도약에는 탁월한 리더가 필수적입니다. 큰 성취를 하는 조직에서 리더의 역량이 그 조직 성패의 70%를 점유한다는 사실을 우리 모두가 숙지하고 있습니다. 어떤 경우라도 더 이상 학장이나 원장, 과장 같은 보직을 돌아가며 하는 폐습은 지양되어야 합니다. 이러한 직책은 행정적 자질과 리더십을 갖춘 교수에게 맡겨야 합니다.

둘째, 성공하는 조직에는 탁월한 리더도 필수적이지만 성실하고 진지한 팔로워가 없어서도 안 됩니다. 교수의 수가 50명이 넘으면 생각과 행동이 같을 수 없습니다. 참여해서 결정하되 결정한 것은 예외 없이 따라야 합니다. 당나라 현종이 지은 '장한가'에 비익조(比翼鳥)라는 새가 등장합니다. 비익조는 한쪽 날개만 갖고 있어서 혼자서는 날 수 없습니다. 둘이 몸을 밀착해 같이 날갯짓을 해야 비로소 날아오를 수 있습니다. 경영대 교수 여러분! 부디 하나가 되어 날갯짓 하십시오. 그래서 높게 높게 비상하십시오. 경영학 교수 동문회도 날개를 보태겠습니다.

마지막으로, 보다 큰 포부와 꿈을 가져주기를 바랍니다. 단순히 또 하나의 경영대학이 아니라, 국내에서는 물론 아시아, 더 나아가서 세계에서 인정받는 경영대로 우뚝 서는 꿈 말입니다. 그러나 연세 경영대가 단순히 순위경쟁에서 이기기를 바라지 않습니다. 고유의 신념과 철학의 토대에 서 있는, 색깔 있는 대학이어야 합니다.

지금까지 말씀드린 세 가지만으로 경영대의 발전이 보장되는 것은 아닐 것입니다. 그러나 이것들이 필요조건일 수는 있습니다. 어쨌거나 독립한 경영대학이 도약해야 함은 당위이고 필연입니다. 연세 경영학 교수 동문회는 그러할 것을 믿고 기다리겠습니다. 그리고 응원하겠습니다.

감사합니다.

듣고 싶은 스피치, 간직하고 싶은 스피치

정치인 이만섭을 예찬하다

··· 역사에서 정치와 정치인이 시민을 배반한 예는 수도 없이 많습니다. 그래서 고대그리스의 작가 아리스토파네스는 말했습니다. "정치란 학식이 높거나 심지가 곧은 사람이 할 일은 못 된다." 한참 뒤 독일의 관념철학자 헤겔이 또 지적합니다. "정치인에게 대표라는 임무를 맡겼을 때 이들은 다수를 약탈하는 소수로 변하기 일쑤다." 스스로 정치인이었던 영국의 처칠마저도 정치와 정치인이 가져다줄 수 있는 폐해에 대해 자주 경고하곤 했습니다.

긴 역사에서 그리고 거의 모든 나라에서 정치인은 불신의 대상이었습니다. 그것은 현재에도 변함이 없습니다. 나는 정치인을 싫어합니다. 아니 혐오합니다. 우리 집안 식구끼리이니 비밀 하나

털어놓겠습니다.

작년 국회가 난장판이었을 때였습니다. 울분을 참다못해 한 일간지에서 일하는 지인을 찾아갔습니다. 그리고 간청했습니다. "당신네 신문에 광고 하나를 내고 싶은데 받아줄 수 있겠는가?" "무슨 광고인데?" 내 대답이었습니다. "하나님! 대한민국 국회 위에 날벼락을 쳐 주십시오!라는 광고요." 한참 고민하던 지인이 "해 보십시다." 하고 내 뜻을 받아 주었습니다. 그래서 광고의 위치, 크기 그리고 광고비까지 흥정을 마쳤습니다. 그런데 문제가 생겼습니다. 내가 총장으로 있던 대학의 이사회에서 반대하고 나선 겁니다. 후유증이 적지 않을 텐데 과연 대학이 그걸 감당할 수 있겠느냐는 것이었습니다. 더 구체적이고 절실한 문제도 대두되었습니다. 때가 입시철이었고 그 대학이 사이버대학이어서 온라인으로 입시원서를 접수해야 하는데 그 광고로 인해 홈페이지가 큰 혼란을 겪지 않겠느냐. 그래서 입시를 망치지 않겠느냐는 문제가 바로 그것이었습니다. 결국 내가 물러설 수밖에 없었습니다.

내가 이 나라 정치와 정치인을 그토록 혐오함에도 불구하고 흠모하고 존경할 수밖에 없는 정치인이 한 분 계십니다. 전 국회의장 이만섭 선배이십니다. 이분은 국회의원을 무려 여덟 번 그리고 국회의장을 두 번이나 역임하셨습니다. 이것은 이분이 나뿐 아니라 온 국민의 신뢰와 존경을 받아오셨다는 증거입니다.

이분이 국민적 신뢰와 존경을 한 몸에 받으신 데는 그만한 이유가 있어서였습니다. 무엇보다도 의장님은 정치에 대한 철학과 신념이 뚜렷했고 그것을 몸 던져 지켜오셨습니다. 이분은 민주주의와 의회민주주의의 파수꾼이셨습니다. 박정희 대통령의 부름을 받고 정계에 임문했고 여당의원의 신분이었음에도 불구하고 서슬퍼런 대통령의 절대권에 맞서 삼선개헌을 막는 데 앞장서셨습니다. 그리고 의장단상에서는 어떤 경우라도 날치기 통과를 용납하지 않으셨습니다. 국회의장 당적 보유 금지법을 최초로 실천한 것도 바로 이 의장이셨습니다.

둘째, 이분은 올곧은 정치인이셨습니다. 권력의 핵이자 부정부패의 주역이던 이후락과 김형욱을 제거했고 한미행정협정체결을 이끌어 내 한국인 인권보호에도 이바지하셨습니다.

셋째, 이 의장님은 깨끗한 정치인이셨습니다. 늘 재물을 멀리해서 그 기나긴 정치역정을 걷는 동안 단 한 번도 금전적 스캔들에 연루된 바 없습니다. 이분은 이권이 결부된 일과는 의도적으로 멀어지셨습니다. 재벌과는 늘 안전거리를 확보하셨습니다.

넷째, 이분은 또한 따뜻한 정치인이기도 하셨습니다. 남북가족면회소를 설치하는 데 주도적인 역할을 하셨으며 남북이산가족찾기 등 남북교류의 물꼬를 트셨던 장본인이셨습니다.

어찌 이 의장님의 업적을 한정된 시간에 다 말할 수 있겠습니까? 그만 줄이겠습니다. 무엇보다도 우리 모두가 지금 이분의 귀한 말씀에 목말라하고 있는 것을 제가 누구보다도 잘 알고 있기 때문입니다.

연세 동문 여러분! 자랑스런 선배 이만섭 의장님을 연단으로 모시겠습니다. 이분의 말씀을 듣는 동안 그의 인품도 아울러 배우시기 바랍니다.

감사합니다.

듣고 싶은 스피치, 간직하고 싶은 스피치

여러분의 나력은 무엇이고 얼마입니까

···   이 아름다운 수목 속으로, 자연 속으로 우리를 불러준 이재근 회장에게 고맙다는 말부터 해야겠습니다. 이 회장, 참 고 맙습니다.

수목원에 들어찬 나무들을 보니 영국 시인 알프레드 테니슨이 떠올려집니다. 그는 계관시인의 칭호를 부여받은 시인입니다. 계관시인이라는 칭호는 영국 왕실이 출중한 시인에게 내리는 작위 같은 것입니다.

그는 겨울철, 잎과 열매를 다 떨군 벌거벗은 참나무에서 모종의 힘을 느끼고 그것을 나력(naked strength)이라고 명명했습니다. 이 개념은 사람에게 적용했을 때 이런 의미가 됩니다. 즉 사람에게서 그가 갖고 있는 부, 명예, 직책 등 장식물을 벗겨 내고도 그에게 남아있는 매력과 가치를 의미하게 된다는 말입니다.

오늘 우리를 초대해준 이재근 동문은 그가 입고 있는 모든 장식물을 벗겨내도 적지 않은 힘과 아름다움을 갖고 있는 우리 동문회의 자랑입니다. 내가 그이를 좋아하고 귀히 여기는 이유입니다. 그리고 이 자리를 채워주신 동문 여러분 하나 하나에서도 개성 있는 나력을 봅니다.

우리는 나이가 들어가면서 주렁주렁 달고 있던 책무도, 호칭도 하나둘 내려놓게 됩니다. 그리고 우리는 궁극적으로, 그러고도 남는 무게와 매력으로 평가받게 될 것입니다.

사랑하는 동문 여러분! 오늘 이 숲속에서 벌거벗은 나무의 나력도 보고, 우리 자신의 나력도 점검하는 그런 시간 가져보시기를 바랍니다. 그래서 오늘 이후 우리 연무회가 더욱더 성숙하고 존중받는 동문들의 모임이 되기를 염원합니다.

감사합니다.

'살인적인 더위'라는 말에는 문학적인 근거가 있습니다

···　　　견딜 수 없을 만큼 혹독한 더위를 흔히 살인적인 더위라 합니다. 지난여름이 그러했습니다. 그런데 '살인적인 더위'라는 말에는 문학적인 근거가 있습니다. 실존주의 작가 알베르 까뮈의 『이방인』이라는 소설이 그것입니다.

이 작품에서 주인공이 사람을 죽입니다. 법정에서 판사가 그를 추궁합니다.

"피고는 왜 사람을 죽였는가?"

"태양이 너무 뜨거워서요. 태양이 제 볼을 달구고, 그로 인해 제 얼굴은 땀으로 범벅이 되었습니다. 견디다 못해 한 발 앞으로 걸어 나가 봤지만 태양을 벗어날 수는 없었습니다. 그래서 절망감에 그리고 홧김에 그만 살인을 저지르고 말았습니다."

주인공은 사형을 선고받았고, 형 집행을 기다리던 어느 날 철장 너머로 별빛 가득한 밤하늘을 보게 됩니다. 그리고 그는 거기서 어머니 품 같은 편안함, 따뜻함을 경험합니다. 인간애를 본 것입니다.

이 소설의 스토리는 다소 억지스럽습니다. 아마도 저자가, 사람이 처해 있는 환경에 의해 극에서 극으로 변할 수 있음을 강변하고 싶었던 것으로 짐작됩니다.

우리는 지금 두 가지 행운을 접하고 있습니다. 하나는 살인적인 더위를 뒤로하고 쾌적한 가을 날씨의 한복판에 서 있는 것이고, 둘은 밤하늘의 별들처럼 동문과 이웃해 옛정을 나누고 있는 것입니다. 우리들의 모교는 어제도 그랬고 내일도 또 그럴 것입니다. 동문 여러분에게 쾌적한 가을이 될 것입니다. 동문 여러분에게 포근한 밤하늘이 될 것입니다.

동문 여러분! 서로 격려하십시다. 그래서 함께 연세를 더 자랑스러운 대학으로 일구어 나가십시다.

감사합니다.

미술전시회 축사 1

자연의 아름다움과 황 화백의 아름다움을
보려고 이 전시회에 왔습니다

… 　우리에게 익숙한 한문 구절로 '春來不似春(춘래불사춘)'
이라는 말이 있습니다. 원래는 '胡地無花草 春來不似春(호지무화
초 춘래불사춘)'이라 해야 합니다. 오랑캐 땅에 꽃과 풀이 보이지
않으니 봄은 왔으되 봄 같지 않다는 뜻입니다. 이번 우리 봄이 그
러했습니다. 그런데 오늘 황정자 화백께서 이방 가득히 봄 같은
봄을 가져다주셨네요. 감사합니다.
　1997년 경 뉴욕타임즈가 신년특집호에 흥미 있는 그림을 실었
습니다. 각계각층 천 명에게 각각 좋아하는 그림에 대해 설명하도
록 한 뒤 그 그림들의 공통되는 특징을 합성해서 그린 그림이었습
니다. 그 그림에는 밝은 호수가 있고 그 뒤로는 숲으로 울창한 산

들이 겹쳐져 있었습니다. 자연을 그린 전형적인 풍경화였습니다. 미국인의 자연에 대한 사랑을 다시 한번 입증한 셈입니다. 그러나 우리나라에서 같은 실험을 했어도 결과는 다르지 않았을 겁니다. 우리나라 사람도 예외 없이 자연을 사랑하기 때문이죠. 우리는 국적에 상관없이 자연으로부터 왔고, 다시 자연으로 귀소할 것이기 때문입니다.

자연은 아름답습니다. 자연은 진실됩니다. 그리고 자연은 또한 질서정연합니다. 그래서 자연주의 철학자 장 자크 루소는 일생동안 우리를 향해 '자연으로 돌아가라'고 외쳤습니다. '자연을 닮으라'고 호소했습니다. 그럼에도 불구하고 우리는 곧잘 자연의 엄중한 교훈으로부터 일탈하곤 합니다. 추악함, 거짓, 무질서가 일상이 되어가고 있습니다. 이래서는 영영 선진국 반열에 오를 수 없습니다.

오늘 이 전시회가 자연이 주는 교훈을 곱씹어 보는 기회가 되었으면 좋겠습니다. 우리의 찌든 영혼을 세척하는 계기가 되기를 바랍니다. 그러나 자연의 가르침을 습득하고 영혼을 빨래하는 일이 한두 번의 전시회로 가능하겠습니까? 10번, 100번 되풀이되어야 할 것입니다. 그러려면 황 화백님의 열정이 식지 말아야 합니다. 그리고 그이의 젊음이 지속되어야 합니다.

제가 황 화백님을 처음 만난 것은 7~8년 전이었습니다. 그런데도 이분의 젊음은 그때나 지금이나 달라진 게 없습니다. 그 비결이 도대체 무엇일까요? 늙지 않는 비결 말입니다. 2006년 영국 데일리 미러지가 나이와 상관없이 가장 아름다운 여인으로 오드리 헵번을 지목했습니다. 그 이유를 내면의 아름다움 때문이라 했습니다.

나는 황 화백이 화사하게 화장하는 것을 본 적이 없습니다. 얼굴에 칼 댄 흔적은 어디에도 없습니다. 그럼에도 그이가 아름다움과 젊음을 유지하는 것은 예술인으로서의 열정과 내면의 아름다움 때문이라고 확신합니다.

저는 오늘 이 전시회에 두 가지를 목격하고 경험하러 왔습니다. 하나는 자연의 아름다움이고 다른 하나는 황정자 화백님의 아름다움입니다.

오늘 문을 여는 이 전시회가 기대하는 성과를 수확하기를 간절히 바라고 확신합니다.

감사합니다.

미술전시회 축사 2

화가 같은 기업인과
기업인 같은 화가가 만났을 때

··· 영국사람들은 미국사람들을 내려다보는 경향이 있었습니다. 문화적인 측면에서 세련되지 못하다는 이유 때문이었습니다. 영국 수상 처칠이 미국 대통령 트루먼을 대함에 있어서도 예외는 아니었습니다. 세계사의 굴곡을 함께한 맹방의 원수 사이였는데도 말입니다. 예컨대, 상대가 미국의 대통령이었으므로 그를 대통령 각하, 즉 Mr. President라고 불렀어야 했습니다. 그러나 처칠은 트루먼 씨, Mr. Truman으로 호칭했습니다. 그러다가 처칠이 트루먼의 초청으로 백악관을 방문하게 되었고, 만찬 후 여흥을 돋우기 위해 연주한 트루먼의 범상치 않은 피아노 솜씨를 경험합니다. 이후 트루먼은 '대통령 각하'가 되었고, 트루먼에 대한 처칠의

태도 일체가 격상됩니다.

우리나라 국민 소득이 금년 안에 2만 불을 넘어설 것이라고 합니다. 그러나 2만 불을 넘어 3만 불이 되고 4만 불이 된다고 할지라도 이 나라가 선진국 반열에 오르는 것은 요원합니다. 문학과 예술을 외면하고 홀대하는 한 후진의 불명예를 벗어날 수 없습니다. 문학과 예술이 사람을 곧고 따뜻하게 만든다는 사실을 알기 전에는 그럴 것입니다. 문학과 예술이 사람의 상상력과 창의력을 깨워준다는 걸 터득하기까지는 어쩔 수 없을 것입니다.

이런 상황에서도 저는 위안을 받곤 합니다. 간헐적이나마 오늘같이 소중한 예술행사가 있기 때문입니다. 열네 분의 중견 작가가 캄보디아와 베트남의 훼손되지 않은 자연을, 아름다움을 오롯이 화폭에 담아오셨습니다. 수고하셨습니다. 그리고 감사합니다.

오늘 이 행사를 가능하게 만들어주신 두 분을 언급하지 않을 수 없습니다. 먼저 이 전시회가 열릴 수 있도록 재정적인 후원을 맡아주신 심계진 회장님을 소개해야겠습니다. 저 단아하고 여성스럽기 그지없는 분이 남자도 감당하기 어려운 콘크리트 회사의 회장이라는 사실이 믿어지십니까? 이분은 우리나라 굴지의 콘크리트 회사 천마의 회장이십니다. 남편과 사별한 후 울며 겨자 먹기로 기업을 떠맡았고, 이 대학 저 대학을 전전하며 경영지식을 동냥하나 싶더니 이내 회사를 반석 위에 우뚝 세우셨습니다. 그 험한 IMF도 뛰어넘었습니다. 심 회장님은 큰 분입니다. 돈을 모을 줄도 알지만 쓸 줄도 아십니다. 이 분은 머리로 벌고 가슴으로 쓰는 분입니다. 빌 게이츠와 워런 버핏이 그러했습니다.

이제는 황정자 화백에 대해 말씀드려야겠네요. 그러나 장황하게 말하지는 않겠습니다. 왜냐하면 이분에 관해서는 저보다도 여러분이 더 잘 아실 것이기 때문입니다. 경영학을 전공하는 제가 보기에도 황정자 화백님은 탁월한 경영자이십니다. 때로 저분이 화가인지 의심이 갈 때가 있습니다. 일을 벌일 때는 누구보다도 열정적이고 치밀한 일꾼이 되니까요. 이 전시회가 가능했던 이유입니다. 주제넘지만 화가로서의 황정자에 대한 제 소회는 이렇습니다. '봄을 그려도 가을의 풍성함이 있고 겨울을 그려도 봄의 따뜻함이 배어 있는 화가.' 아마도 이는 그이의 인품 때문일 것입니다.

지금껏 소개한 두 분 중 한 분은 기업가고 다른 분은 예술인이십니다. 한 분은 가녀리고, 다른 분은 풍성하십니다. 그럼에도 불구하고 이 두 분에게 공통점이 있습니다. 안아주고 싶고 동시에 안기고 싶은 공통점 말입니다. 아마도 안아주고 싶은 충동은 이분들이 소유하고 있는 어린이의 순수함과 안으로부터 풍기는 여성으로서의 농익은 아름다움 때문일 것입니다. 그리고 안기고 싶은 충동은 어머니 같은 포근함과 따뜻함이 그 출처이고 바탕일 것입니다.

서로 다르지만, 서로 같은 두 분이 손을 맞잡고 이 전시회를 준비하셨습니다. 이 행사가 성대하고 화려할 수밖에 없는 이유입니다. 이 전시회의 시작이 성대하고 화려하듯 결과도 그러하기를 바랍니다. 그래서 서울 시민들의 예술과 문화에 대한 의식을 흔들어 깨우고 선진국 국민으로 한 발 더 걸어 나아가는 계기가 되었으면 좋겠습니다.

감사합니다.

7

동료의 정년퇴임을 축하하고
제자와 지기 자녀의 혼인을 주례하다

Starry Night Over the Rhone. oil on canvas. Vincent Van Gogh, 1888

정년퇴임식 축사에서는 예외 없이 주인공의 업적을
클로즈업시키는 것이 주된 부분이 된다. 그래야 주인공의 자긍심을
고취시키고 퇴임식의 분위기를 축제로 반전시킬 수 있다고
믿기 때문이다. 이때 업적을 산만하게 나열하는 대신 모종의 틀에 담아
거론한다면 축사가 훨씬 더 설명력을 얻게 될 것이고 루틴의 지루함에서
벗어나 산뜻해질 것이다. 예컨대, 주인공의 삶을 연극이라는 틀에 담고
주인공을 그 연극 안에서의 주인공으로 묘사하는 것이다.

당사자 이외에 청중에 주는 효과도 있어야 할 것 같다. 스피치를 듣는
동안 청중들로 하여금 자신의 삶을 주인공의 그것에 비춰보도록
유도해야 한다. 그래서 그 정년퇴임식이 청중들의 퇴임식이기도
해야 한다. 여기 올린 세 개의 퇴임식 축사 중 첫 번째는 영문학자이며
수필가였던 장영희 교수가 아껴주었고 나머지 두 개에 대해서도
청중들의 반응이 각별했다.

주례사는 신랑·신부에게 바람직한 부부상을 비주얼라이즈시켜주는 데
초점을 맞춰야 한다고 생각했다. 참신하고 적절한 예화의 사용이
이 목적을 달성하는 데 효과적이었다. 주례의 권유나 주장은
어떤 스피치에서보다 논리정연해야 하고 설득력이 있어야 한다.

예식장 분위기는 산만할 개연성이 높다. 오랜만에 만난 친척과
친지들이 자리를 같이하기 때문이다. 아무리 성의껏 준비한 주례사라
하더라도 이런 분위기에서는 빛을 보기 힘들다. 분위기를 차분하고
진지하게 만드는 것이 주례의 중요한 역할 중에 하나인 이유다.
주례사 중에는 일련번호 1번을 달고 있는 주례사가
내빈의 각별한 사랑을 받았다.

안기고 싶은 여인이자 안고 싶은 여인

··· 　　오늘 신숙원 교수님의 퇴임식에서 제가 눈물이라도 보이며 숙연한 분위기를 연출해주리라고 기대하셨다면 여러분 모두 크게 실망하실 겁니다. 제가 눈물을 짜야 할 이유가 없다는 말씀입니다.

왜냐하면 첫째, 신 교수님과 나는 헤어지는 것이 아니라 다시 만나기 때문입니다. 나는 작년 서강에서 정년으로 퇴임하여 이미 밖에 나와 있고, 신 교수님도 오늘 서강 울타리 밖으로 나오십니다.

둘째, 퇴직 후 맞닥뜨릴 수 있는 어떤 불행도 신 교수님에게는 남의 이야기입니다. 영국의 명재상 벤자민 디스렐리가 말했습니다. "사람의 불행은 두 가지 결핍에서 온다. 하나는 돈이고 다른 하나는 애정이다." 신 교수님은 이 두 가지를 넘치도록 갖고 있습니다. 우선 돈만 해도 그렇습니다. 의사셨던 부친으로부터 엄청난 재산을 받은 데다 스스로 모으신 돈이 수십억 대에 달하는 것으로 알고 있습니다. 물려받은 재물로 부유한 교수를 재벌 교수, 스스로 모아 부유한 교수는 교수 재벌이라 부릅니다. 신숙원 교수님은 이 둘을 합친 '재벌 교수 재벌'입니다.

셋째, 신 교수님이 주고받는 애정도 마를 겨를이 없습니다. 주위에는 늘 사람이 모여듭니다. 그리고 신 교수님을 흠모합니다. 질투가 날 정도로 말입니다. 나는 인문계 전공자 중 이렇게 사교 대상이 다양하고 번다한 교수를 본 적이 없습니다. 학문에서는 학회장에 추대될 정도로 인기의 중심에 서 계시고, 일반 사회생활에서도 그의 인기는 끝 간 데를 헤아릴 수 없습니다.

이렇게 돈이 지천이고 애정에 치이고 있는 신 교수님의 퇴임을 우리가 왜 슬퍼해야 한단 말입니까? 어불성설입니다. 그런데 제가 눈물을 보이지 말아야 하는 실질적인 이유 하나가 더 있습니다.

1년 반 전의 일입니다. 신 교수님이 제 정년 퇴임식에 오셨습니다. 그러나 눈물 한 방울 보이시지 않으셨습니다. 아니, 눈가가 먼지 나도록 보송보송했습니다. 치졸하게 이것을 되갚을 생각은 없습니다. 그러나 최소한 균형은 맞춰야겠습니다.

자! 그러면 오늘의 주인공인 신숙원은 누구입니까? 어떤 사람이라고 생각하십니까? 오늘 여기 오신 분들은 누구보다도 신 교수님을 잘 아시는 분들입니다. 신숙원에 대한 저의 느낌과 판단은 이렇습니다.

우선 신숙원은 기대고 싶은 여인, 안기고 싶은 여인입니다. 왜 일까요? 첫째는 그가 가진 신뢰감 때문입니다. 일을 맡기면 어떤 일이라도 이루어 줄 것 같은 믿음 말입니다. 신숙원은 늘 최고를 지향하고 이것을 이루기 위해 최선을 다합니다.

여러분은 희극 배우 찰리 채플린을 아시죠? 그가 어느 날 지방의 작은 도시를 여행하다가 인근 극장에서 '찰리 채플린 흉내 내기 경연대회'를 한다는 광고를 보게 됩니다. 채플린은 그 경연에 참석하기로 마음먹습니다. 그리고 생각합니다. '1등은 떼어 놓은 당상이다.' 자기를 흉내 내는 경연이니 자기만큼 잘할 수 있는 사람이 또 있겠냐는 생각 때문이었죠. 그러나 놀랍게도 결과는 3등이었습니다. 왜일까요? 준비하는 노력 없이 즉흥적으로 참여했기 때문 아니었겠습니까? 이런 일은 신숙원에게 있을 수 없는 일입니다. 그는 늘 일에 임해서 치밀하게 계획하고 대비하니까요.

신숙원은 또한 따뜻합니다. 이것은 리더십의 가장 필수적인 덕목이기도 합니다. 그이는 일 앞에서는 냉철하고, 사람을 앞에 놓고는 따뜻합니다. 배우 오드리 헵번을 아시죠? 가녀린 몸매에도 불구하고 안기고 싶은 충동을 느끼게 하는 여인입니다. 그의 따뜻한 가슴 때문이죠. 그이는 자녀들에게 "사람에게 두 개의 손이 있는데, 하나는 너를 위한 것이고 또 하나는 다른 사람을 위한 것이다."라고 가르친 것으로 유명합니다. 결론적으로 신숙원은 신뢰감과 따뜻함 때문에 그 품 깊숙이 안기고 싶은 여인입니다.

동시에 신숙원은 안고 싶은 여자이기도 합니다. 품속 가득히 안아주고 싶은 여인입니다. 무엇보다도 그녀는 소녀입니다. 65세된 소녀입니다. 꽃 때문에 얼굴 붉히고 새 소리에 가슴 울렁이는 소녀입니다. 그리고 신숙원은 부단히 아름다움을 쫓고 탐합니다. 그리고 아름다움을 만났을 때 행복해합니다. 그는 그럴싸한 미술 전시회, 음악회, 연극 무대 주변을 떠나지 못합니다. 신숙원은 항상 아름다움을 탐닉하면서 스스로 아름다워집니다. 그리고 그 아름다움을 부단히 성숙시켜 나갑니다. 그러니까 신숙원은 천진한 아름다움과 여인의 농익은 아름다움을 공유하고 있습니다. 그래서 더 아름답고 그래서 더 안아주고 싶습니다.

안기고 싶고 안아주고 싶은 신숙원 교수님이 이제 서강을 떠나십니다. 이분이 떠나신 뒤 서강에 큰 공백이 남을 것입니다. 부관장으로 15년, 관장으로 6년, 그동안 일구신 도서관이 우선 흔들릴 것입니다. 그 바쁘신 중에도 정성을 다해 가꾸신 서강 나눔터도 비틀거릴 것입니다.

반복되거나 지속되는 것 없이 빠른 속도로 변화 발전하는 시대를 단절의 시대라고 부르며, 우리는 그런 시대를 살고 있습니다. 이런 시대에는 자리에 앉는 것도 중요하지만 제때 자리를 비켜주는 것도 필요합니다. 후배들이 더 나은 방법으로 더 많이 이룰 것을 신뢰해야 합니다. 인도인들의 정신적인 지도자 오쇼 라즈니쉬의 묘비에 새겨져 있는 말입니다.

I was never born. I never died.
I just visited this world from 1931 to 1990.

신숙원 교수님은 서강에 취임한 적이 없습니다. 따라서 퇴직하지도 않습니다. 단지 1975년부터 2007년까지 서강을 방문했을 뿐입니다. 신숙원 교수님! 이렇게 방문객처럼, 나그네처럼 서강을 떠나십시오. 아쉬움, 미련 거두어서 홀홀 떠나십시오. 그래서 우리에게 오십시오. 서강을 자랑스러운 대학으로 일구기 위해 몸과 마음 바쳐 일했고, 지금은 보람 가득 안고 안식하고 있는 명예교수 대열에 동참하십시오. 그리고 남은 생, 길동무 되어 같이 걸어가십시다.

사랑하는 신숙원 교수님! 어서 오십시오. 환영합니다.

감사합니다.

듣고 싶은 스피치, 간직하고 싶은 스피치

당신은 출중한 배우였습니다

···　　　서강은 내 고향입니다. 모처럼 고향에 오니 참 좋네요. 어머니 젖 내음도 나고, 호롱불 밑에서 '바른 사람 돼라, 큰 사람 돼라' 도란도란 일러 주시던 아버지 음성도 들립니다.

김정택 이사장님. 유기풍 총장님. 경영대학 동료 교수님. 내외 귀빈 여러분 반갑습니다. 저는 오늘 저녁, 정년퇴임하시는 전준수 교수님을 축하하러 왔습니다. 오늘 이 자리에 오신 분들은 우리 전준수 교수님을 잘 아시는 분들입니다. 그러나 전 교수의 어떤 면을 어떻게 보았느냐는 저마다 다를 수 있습니다. 저는 그이를 볼 때마다 한 사람의 출중한 배우를 떠올립니다. 아니, 출중할 뿐 아니라 화려하기까지 한 배우 말입니다.

영국의 큰 인물 스타니 슬라브스키가 좋은 배우의 요건을 제시했습니다. 첫째는 당연히 표현능력입니다. 배우는 표현을 위해 말, 표정, 동작을 동원합니다. 전 교수는 말을 잘합니다. 젊어서는 그가 참여하는 모든 모임의 MC를 도맡았고, 나이 들었을 때는 유명 강사였습니다. 그이가 말을 잘하는 이유는 상대의 말을 경청하고 상대를 이해하기 때문입니다. 한마디로 말해 그는 소통의 달인입니다. 둘째는 이입(social empathy) 능력입니다. 즉 자기가 연기하고 있는 인물을 자기 안에 온전히 담아 그 인물이 되는 것입니다. 그이는 상대방의 입장을 자기 것으로 전환해서 공유하고, 어느새 그 사람이 되어 같이 웃고 웁니다. 셋째, 앙상블 능력입니다. 다른 배우와 더불어 연기해야 함을 알고 협동하는 것입니다. 그는 동료를 함께 일하도록 불러들입니다. 그는 동료를 살피고 돕고, 헌신하는 것이 몸에 배어 있습니다. 전 교수는 팀워크의 필요성과 효과성을 신봉하는 진정한 리더입니다.

이렇게 전 교수는 좋은 배우였습니다. 그런데 전 교수는 배우 중에서도 특별히 희극 배우였습니다. 희극배우를 komodia라고 하는데, 이 말의 어원은 komos입니다. 그리고 komos는 술을 마시고 떠들어 댄다는 뜻입니다. 그래서 연극학 원론에서는 comedy가 자칫 추하고 천박함에 빠질 수 있음을 경고합니다. 그러나 전준수 교수의 comedy는 결코 품위라는 궤도를 벗어나는 법이 없습니다. 그는 이웃을 편안하고 행복하기 위해서만 comedy를 활용합니다. 그는 서강의 찰리 채플린이었습니다.

그런데 이 인기배우가 지금 막 공연을 마쳤습니다. 그리고 관객이 그의 명연기에 환호합니다. 그들은 마침내 기립박수로 그를 커튼 앞에 다시 불러냅니다. 그가 이른바 커튼콜을 받은 것입니다. 커튼콜을 받은 배우나 연주자는 앵콜로 화답합니다. 전 교수는 앞으로 1년 반 동안 대외 부총장으로 더 봉사합니다. 서강, 아니 어떤 대학에도 없던 일입니다.

여러분. 오늘 이 퇴임식이 결코 애처롭거나 우울하지 않은 이유를 아시겠습니까? 축제일 수밖에 없는 이유를 아시겠습니까? 이런 삶은 누가 살았어도 멋있는 삶입니다. 부러운 삶이고 자랑스러운 삶입니다.

이것은 제 추측입니다마는 전 교수의 커리어는 서강에서의 앵콜 공연으로 끝나지 않을 것 같습니다. 그는 바다에 관한 한 독보적이고 배타적인 학자입니다. 유관 정부 기관과 산업에서 실무경험도 많이, 그리고 높이 쌓았습니다. 그가 더 일해야 하는 것은 필연입니다. 그곳이 산업체일 수도 있고 공직일 수도 있습니다.

그러니까 전 교수는 오늘 퇴임하지 않습니다. 그이는 성취와 성공을 더 이어가야 하고, 종당에는 그것을 아름답게 마무리해야 합니다. 그렇기 때문에 두 가지만 권하고 충고하겠습니다. 퇴임하는 원로 교수에게 '충고는 무슨 충고냐'고 의아스럽게 생각하시는 분이 있을 수 있겠습니다. 그러나 나는 그이에게 충고할 수 있는 특권을 갖고 있습니다. 첫째, 나는 선배입니다. 전 교수를 누구보다도 아끼는 선배입니다. 둘째, 전 교수는 60대이고 나는 70대입니다. 60대와 70대는 급이 다릅니다. 60대는 '이순(耳順)'해야 하는 때입니다. 즉, 남의 말을 듣고 받아들여야 합니다. 그러나 70대는 무엇을 어떻게 말해도 어긋남이 있을 수 없는 나이입니다. 나는 꽉 찬 72살입니다. 충고를 시작합니다.

첫째, 어느 직책에 가더라도 곧게 살아달라는 것입니다. 곧게 사는 것은 성공을 이어가는 가장 핵심적인 비결입니다. 전 교수가 지금껏 누구 못지않게 반듯하게 살아온 것을 잘 압니다. 그러나 성공을 이어가기 위해, 더 큰 성공을 위해 냉엄하고 혹독하게 스스로를 조여야 합니다. 그래서 자신의 성공을 이어가는 것은 물론 이 사회와 나라를 혼탁에서 건지는 데 앞서 주기를 바랍니다. 지도자는, 그리고 무릇 스승은 눈 위를 걸을 때 함부로 걸어서는 안 됩니다. 발자국 하나하나가 뒤따라오는 사람의 이정표가 될 것이기 때문입니다.

둘째, 나누기를 권합니다. 성공의 결과로 얻은 것을 아낌없이 나누기 바랍니다. 바르게 사는 것이 성공을 이어가는 비결이라면 나누는 것은 성공을 완성하는 방법입니다. 록펠러 회장이 그랬고, 이태석 신부님도 그랬습니다. 록펠러 회장은 나눔으로 성공을 아름답게 마무리했을 뿐 아니라 35년의 추가적인 생명을 얻었습니다. 이태석 신부님은 비록 죽었지만 우리 모두의 가슴에 생생하게 살아 있습니다. "나눌 때, 받는 사람보다 주는 사람이 더 행복하다" 테레사 성녀의 말입니다. "부자가 되었을 때 많은 사람이 나를 알아보더라. 그러나 내가 정작 가진 걸 나누었을 때 그들이 날 우러러보더라" 워런 버핏의 말입니다.

이제 축사를 마무리하겠습니다. 오늘 전준수 교수의 퇴임은 절반의 퇴임입니다. 그러나 전 교수! 언젠가는 서강으로부터도 서강 밖의 책임으로부터도 완전히 벗어나는 날이 있을 것입니다. 그때, 아쉬워하지 마십시오. 미련 두지 마십시오. 후배들이 새로운 방법으로 더 많이 이룰 수 있음을 믿으십시오. 그래서 명예 교수의 대열에 합류하여 함께 걸읍시다. 느리게 느리게 그래서 멀리 멀리 걸읍시다. 우리는 그렇게 걸어도 됩니다. 일할 만큼 일했으니까. 그리고 어차피 우리 모두는 스쳐 지나가는 나그네니까.

전준수 교수! 정년퇴임을 축하합니다.

당신은 눈 위에서조차 함부로 걷지 않습니다

···　　　뭉크, 뒤러, 렘브란트, 미켈란젤로는 서양미술사에 뚜렷한 족적을 남긴 큰 화가들입니다. 그리고 이들의 공통점은 각각 자화상을 그렸다는 것입니다. 그런데 말입니다. 이들이 그린 자화상은 실제 자기 모습과 같지 않습니다. 왜일까요? 미술평론가 로라 커밍이 그 이유를 말합니다. "이들은 자신들의 겉모습을 그린 것이 아니라 내면을 들여다보고 그렸기 때문이다."

우리도 거의 매일 거울에 스스로를 비춰봅니다. 얼굴, 외모, 옷매무새에 있을지 모르는 흠결을 찾아 이것들을 바로잡기 위해서죠. 그러나 자기 발전을 꾀하는 사람은 자기 안쪽을 투시해서 잘못되고 삐뚤어진 것이 발견되었을 때, 이것을 바로잡는 노력도 부단히 합니다. 그리고 그는 자기 안쪽을 비춰보기 위한 거울로 나름의 롤모델을 사용합니다. 자기가 숭배하는 롤모델 말입니다.

김순기 교수는 나의 거울이었습니다. 그는 나보다 10여 살이 젊습니다. 까마득한 후배 교수입니다. 그럼에도 불구하고 그이는 나의 안팎을 비춰보는 데 없어서는 안 되는 거울이었습니다.

이 퇴임식 축사를 준비하면서 곰곰이 생각해보았습니다. 왜 김 교수가 내 거울이었을까? 서산대사가 우리에게 일깨워줬습니다. "눈 덮인 들판을 함부로 어지럽게 걷지 마라. 오늘 네 발자취가 뒤따라오는 사람에게는 이정표가 될 수 있다." 김순기 교수는 지금껏 바르게 걸어왔습니다. 바르게 살아왔습니다. 그래서 나를 비롯해 많은 사람의 거울이 되기에 부족함이 없었습니다.

그렇다면 바르게 산다는 것은 구체적으로 어떻게 사는 것일까요? 소크라테스가 대답했습니다. "바르게 산다는 것은 첫째, 진실하게 사는 것이고 둘째, 아름답게 사는 것이며 셋째, 보람 있게 사는 것이다."라고. 무엇보다도 김 교수는 진실하게 사는 사람입니다. 진실하게 사는 것은 올곧게 사는 것을 의미합니다. 그는 좀처럼 궤도를 이탈하지 않습니다. 사소한 규정에서부터 법, 윤리에 이르기까지 어느 하나도 어기지 않습니다. 그가 회계학을 전공으로 택한 것도 진실에 대한 그의 집착 때문이라고 생각합니다. 회계는 정확과 진실을 생명으로 하지 않던가요? 그의 진실함은 학교 밖에서도 인정했습니다. 그래서 한화에너지, LG생명과학 같은 굴지의 회사들이 그를 사외이사로 추대했습니다. 사외이사는 경영진의 일탈과 부정을 제어하는 직책입니다.

둘째, 김순기 교수는 아름답게 사는 사람입니다. 아름답게 산다는 것에 여러 의미가 내포되어 있지만 그중 가장 핵심은 따뜻하게 사는 것을 의미합니다. 미국 뉴욕에 라과디아라는 판사가 있었습니다. 어느 날, 그는 한 절도 피의자를 재판하게 되었습니다. 그가 피의자에게 묻습니다. "피고는 어떤 이유로 어떤 잘못을 저질렀는가?" 피의자가 답합니다. "판사님. 저는 80이 넘은 늙은이입니다. 지난달 한파가 몰아쳤을 때 일입니다. 먹을 게 없어 사흘을 굶었습니다. 그리고 배고픔을 참다못해 그만 동네 가게에서 먹을 것을 훔쳤습니다."

판사가 형을 언도했습니다. "절도는 범죄입니다. 피고에게 벌금 10불을 언도합니다." 그리고 라과디아 판사는 방청객을 향해 이렇게 말합니다. "방금, 절도한 피의자에게 10불 벌금형을 언도했습니다. 그리고 이 판결을 내리면서 반성했습니다. 저 노인이 엄동에 사흘씩이나 굶고 거리를 방황할 때 나는 이웃으로서 도덕적 책임을 다했는가? 물론 그렇지 못했습니다. 그래서 그 책임의 대가로 노인의 벌금 10불은 제가 내겠습니다. 혹시 여러분도 같은 책임감을 느낀다면 돈을 보태셔도 좋습니다." 판사는 적지 않은 돈을 모아 노인에게 건네주었습니다. "굶지 마십시오. 건강하십시오. 행복하십시오."

아마도 김순기 교수가 이 재판을 맡았다면 라과디아 판사와 유사한 판결을 내렸을 것입니다. 김 교수가 서강에서 마지막으로 맡았던 직책은 교원징계위원회 위원장이었습니다. 아마도 교수들의 탈선과 탈법을 징계하면서 준엄하지만 따뜻한 판정을 수도 없이 했을 것입니다. 구체적인 사례를 찾아볼까 했는데 워낙 민감한 자료라서 수집하는 것을 포기했습니다.

셋째, 김 교수는 보람 있게 살아왔습니다. 많은 업적을 쌓으며 살아왔습니다. 김 교수는 무엇보다도 스승으로서 남다른 업적을 이룩했습니다. 오늘 이 방을 가득 채운 훌륭한 제자들이 그 증거입니다. 김 교수가 큰 스승이었기에 가능했던 일입니다. 영국 철학자 알프레드 화이트가 말했습니다. "좋은 스승은 잘 가르치는 스승이고 큰 스승은 스스로 실천해보이는 스승이다." 김 교수는 분명 큰 스승이었습니다.

김 교수는 대학 행정 분야에서도 남다른 업적을 남겼습니다. 1980년대는 우리나라 대학에 있어서 극도의 혼란기였습니다. 학생시위로 거리와 캠퍼스는 가위 무정부 상태였습니다. 그런 상황에서 김 교수는 서강학보 주간 교수에 위촉이 되었습니다. 그리고 그는 '언론의 정도'를 서강 캠퍼스에 심기 위해 혼신의 노력을 다했습니다. 온갖 위협과 겁박을 견뎌냅니다. 그리고 그는 마침내 그걸 이루어 냈습니다. 다른 대학에서는 불가능한 일이었습니다.

그가 기획실장이던 때의 일도 짚고 가지 않을 수 없습니다. 몇

년 전 새 총장이 들어서면서 김 교수를 기획실장 자리에 앉혔습니다. 그는 머지않아 서강에 재정적 위기가 닥칠 것을 한눈에 알아보았습니다. 그래서 무엇보다도 지출을 자제하는 내핍을 총장단에 건의했습니다. 그러나 인기와 여론을 의식한 총장단의 동의를 얻어내지 못했습니다. 그때 김 교수의 고견이 존중되었던들 오늘 뼈아프게 겪고 있는 서강의 재정적 궁핍은 상당 수준 예방되었을 것입니다.

지금까지 김순기 교수가 서강 교수로서, 한 사람의 지식인으로서 어떻게 얼마나 바르게 살아왔는지 말했습니다. 그리고 우리는 지금 김 교수의 정년퇴임식을 축하하고 있습니다. 하지만 나는 축하하고 싶은 마음보다는 아쉬움이 더 큽니다. 아니, 아쉬워서 안달이 납니다.

서강은 1960년 설립 당시부터 이미 최고의 대학이었습니다. 한국을 잘 아는 교육전문가 폴 크레인은 저서 『The Patterns』에서 서강을 "한국 대학교육을 혼돈에서 건져내고 있는 대학"이라고 극찬했습니다. 그런데 말입니다. 그 서강이 1990년대 들어서면서 추락에 추락을 거듭하더니 지금은 그 서열조차 헤아릴 수 없을 정도가 되고 말았습니다. 서강은 더 이상 이끄는 대학이 아니라 이끌리는 대학이 되고 말았습니다. 그리고 이 위기에서 서강을 구해내기 위해서는 무엇보다도 전략적 지혜와 강한 추진력을 갖춘 리더가 필요합니다. 그 리더가 바로 김순기 교수입니다. 멍청

하리만큼 서강을 사랑했던 내가 그의 퇴임을 그토록 아쉬워하는 이유입니다.

그러나 어찌합니까? 아쉬워하고 탄식할 뿐 이 늙은이가 그의 퇴임을 저지할 방법이 없네요. 우선 규정이 그러하고 무엇보다도 이미 넘치게 봉사한 김 교수에게 휴식은 너무나 당연하고 필연이기 때문입니다. 그리고 김 교수의 퇴임을 받아들일 수밖에 없는 결정적인 이유가 있습니다.

내일이 오늘의 연속이 될 수 없는 변화무쌍한 시대를 단절의 시대라 하고, 우리는 지금 그런 시대에 살고 있습니다. 이런 시대에는 자리에 앉는 것도 중요하지만 자리를 제때 비워주는 것 또한 필요합니다. 후배들이 더 나은 방법으로 더 많이 이루어줄 것을 신뢰하며 말입니다.

김 교수! 이제 나그네처럼 서강을 지나쳐가세요. 아쉬움, 미련 훌훌 털고 떠나세요. 그래서 우리에게 오십시오. 서강을 자랑스러운 대학으로 일구기 위해 몸과 마음 바쳐 일했고 지금은 보람 가득 안고 안식하고 있는 명예교수 대열에 동참하십시오. 그래서 남은 길 길동무 되어 같이 가십시다. 사랑하고 경애하는 김순기 교수님. 어서 오십시오. 환영합니다.

감사합니다.

주례사 1

꽃이 그러하듯
사람도 아름다워야 사랑받습니다

…　　　　영국의 걸출한 지도자이자 수상이었던 윈스턴 처칠에게 한 기자가 물었습니다. "수상께서는 영국의 국익을 위해서 그리고 세계 평화를 위해서 많은 업적을 세우셨습니다. 그중에서 가장 위대한 업적을 꼽으라면 무엇을 꼽으시겠습니까?" 질문을 받은 처칠은 거리낌 없이 대답합니다. "그거야 내 아내를 맞아 가정을 이룬 것이지요." 이렇게 가정을 갖는다는 것은 어떤 일에도 우선할 만큼 소중합니다. 그래서 남녀는 때가 되면 적절한 짝을 만나 가정을 이루어야 합니다.

　　그렇다고 이 세상에 독신을 고집하는 사람이 없는 것은 아닙니다. 아이러니하게도 각기 자기 분야에서 큰 업적을 세워 세계인의 존경과 사랑을 받는 저명한 인사 중에도 그런 분들이 있습니다. 문인 중에는 『인형의 집』을 쓴 입센 로랑, 『좁은 문』의 저자 앙드레 지드, 그리고 극작가 버나드 쇼가 결혼을 반대했고, 화가로는 레오나르도 다빈치, 미켈란젤로, 반 고흐가 결혼에 대해 유보적인 생각을 가지고 있었습니다. 그렇다면 이러한 지도적 인사들까지 나서서 결혼을 가로막았던 이유는 과연 무엇이었을까요? 그것은 단 하나, 즉 가정을 꾸렸을 때 구성원 서로가 걸림돌이 되고 그래서 창의성이나 진취성을 훼손하게 된다는 이유 때문이었습니다.

그렇다면 이상적인 부부의 모습이 그려집니다. 부부는 서로 격려하고 도울지언정 걸림돌이 되지 말아야 합니다. 생텍쥐페리가 충고합니다. "부부는 좌우로 나란히 서서 같은 목표를 향해 걸어 나가야 한다. 서로 마주 보아서는 안 된다. 마주 보면 서로에게 가리어 멀리 내다보지 못할 뿐 아니라 서로에 걸려서 앞으로 나아가지 못한다."

세계 독자들의 사랑을 받던 책 중에 『마음을 열어주는 101가지 이야기』라는 책이 있습니다. 그 책에 있는 이야기입니다. 독실한 기독교 신자 한 사람이 잠을 자면서 하나님을 현몽합니다. 꿈에서 하나님이 말씀하십니다. '얘야! 저 바닷가에 펼쳐진 모래사장이 보이느냐. 그리고 모래사장 위에 꼭꼭 찍힌 두 줄기 발자국도? 저 두 줄기 발자국 중 하나는 네 것이고 다른 하나는 내 것이다. 저렇게 네 일생동안 나는 너를 지키며 너와 함께 걸어왔느니라.' 그런데 이 말씀을 들은 신자가 주의 깊게 보니 두 줄기 발자국 중 한 줄기가 간간히 끊겨있고, 그때가 바로 자기가 어렵거나 고통받을 때라는 것을 알아차립니다. 그래서 신자는 하나님께 이렇게 항의합니다.

'하나님! 하나님께서는 제 일생동안 저를 지켜주시며 제 곁에서 저와 함께 걸어오셨다고 하셨는데, 저 발자국 좀 보십시오. 한 줄기가 간간히 끊겨있는데, 그때가 바로 제가 어렵거나 고통스러웠을 때입니다. 그러니까 하나님께서는 막상 제가 어렵고 고통스러울 때는 제 곁을 떠나셨다는 말이 되지 않습니까?' 이 항의를 들은 하나님께서는 빙그레 웃으시며 말씀하십니다. '얘야. 그건 그래서가 아니라 네가 어렵고 고통스러울 때마다 내가 너를 들어 올려 가슴에 안고 걸었기 때문에 두 줄기 발자국 중 한 줄기만 남게 된 것이란다.'

신랑 신부에게 간절히 청합니다. 신랑 신부는 이 순간부터 바로 이 장면을 머리와 가슴속 깊이 새겨 두십시오. 신랑과 신부는 이제 좌우로 나란히 서서 같이 설정한 목표를 향해 걸어 나갑니다. 두 줄기 발자국을 남기면서. 그러다가 어느 하나가 지치거나 아프면 다른 하나가 그를 들어 가슴에 안고 걷습니다. 한 줄기 발자국이 남게 될 것입니다.

그런데 말입니다. 이런 아름다운 행보는 부부간의 사랑이 유지될 때 비로소 가능합니다. 하지만 남녀 간의 사랑이란 저절로 생성되지도 유지되지도 않는다는 데 문제가 있습니다. 사랑학의 대가 헬렌 피셔 박사에 의하면 남녀 간 사랑의 지속기간은 고작 3년에 불과하다고 합니다. 이는 사랑을 지속해서 가꾸어 나아가야 함을 의미합니다. 그렇다면 사랑은 어떻게 가꾸나요?

우선 사랑 주기를 익혀야 합니다. 헤르만 헤세의 말입니다. "인생에 주어진 가장 중요한 책무는 행복해지는 것이다. 그리고 행복해지는 지름길은 주고 베푸는 것이다." 오늘부터라도 끼어드는 자동차에 길을 양보해주세요. 지하철 계단의 걸인에게 용돈을 쥐어줘보세요. 베푸는 습관을 만들어줄 겁니다. 그리고 행복할 겁니다. 다음으로, 부부는 각자 사랑받을 수 있도록 노력해야 합니다. 사랑받을 수 있도록 노력한다는 것은 자기를 아름답게 가꾼다는 것을 의미합니다. 왜냐하면 사람은 아름다운 사람을 사랑하니까요.

그런데 사람이 아름다워지는 방법에는 다시 두 가지가 있습니다. 하나는 겉을 아름답게 가꿔서 아름다워지는 것입니다. 그런데 외모의 아름다움은 지극히 한시적입니다. 그래서 영국 속담에 이런 말이 있습니다. '겉의 아름다움은 피부 깊이에서 끝난다.' 그렇다면 이것의 대안은 무엇이겠습니까? 바로 내면의 아름다움을 가꾸는 것입니다.

내면의 아름다움의 질과 양은 세 가지 요인에 의하여 결정됩니다. 지성, 성실성, 덕성이 그 셋입니다. 넓게 깊게 아는 사람은 균형미를 갖게 됩니다. 성실한 사람은 신뢰라는 아름다움을 얻을 수 있습니다. 그러나 정작 사람의 내면을 아름답게 만드는 가장 결정적인 요인은 덕성입니다. 덕성은 남에 대한 배려, 헌신, 희생을 의미합니다. 영화배우 오드리 헵번은 인기 절정에서 돈과 명예를 뒤로 하고 아프리카로 건너갑니다. 거기서 그녀는 굶주리고 병든 어린이들을 돌봅니다. 그러면서 지병을 얻게 되고, 지병에서 헤어나지 못한 채 끝내 하늘나라로 떠납니다. 영국의 일간지 데일러 미러가 이 세상에서 가장 아름다운 여인으로 그녀를 선정한 것은 결코 우연이 아닙니다.

이제 주례사를 마감합니다. 신랑 신부는 이미 아름답습니다. 겉도 아름답고 속도 그럴 겁니다. 더할 나위 없이 따뜻한 가정에서 자랐고 명문대에서 교육받았으니까요. 하지만 지금의 아름다움 위에 추가적인 아름다움을 더해서 서로의 사랑을 받고, 이웃과 사회의 사랑까지 받는 부부가 되기를 바랍니다. 그래서 처칠이 그랬듯이, 신랑 신부가 90세가 되고 100세가 되었을 때, 당신들이 이 세상에서 이룬 것 중에 가장 보람된 것이 무엇이냐는 질문을 받는다면 둘은 입을 모아 자신 있게 대답할 수 있어야 합니다. '그야 우리 둘이 만나 가정을 이룬 것이지요.'라고.

감사합니다.

주례사 2

가정은 사랑을 만드는 곳이고
만들어진 사랑은 넘쳐흘러 이웃과 세상을
아름답게 만듭니다

...　　　프랑스 파리 대학에서 노교수가 열강을 하고 있었습니다. 그런데 강의 벽두부터 눈에 거슬리는 학생 하나가 있었습니다. 무엇보다도 팔짱을 낀 채 잔뜩 뒤로 버티고 앉아 있는 태도가영 못마땅했습니다. 강의의 중반이 넘도록 자세를 고치지 않자, 교수가 참다못해 그 학생을 지적했습니다. "여보게! 자네 수강하는 태도가 그게 뭔가? 팔짱을 끼는 것은 관심 없을 때 취하는 자세아닌가? 내 강의에 관심이 없으면 강의실에 들어오지를 말 일이지, 왜 들어와 강의실 분위기를 흐리게 하는가?" 그런데 교수의 지적을 받은 그 학생은 교수가 예상했던 것 이상으로 몹시 당황했습니다. 학생은 말했습니다. "교수님. 그런 느낌이 드시도록 해드렸

다면 대단히 죄송합니다." 그러면서 그는 서서히 자리에서 일어납니다. 그리고 끼었던 팔짱을 풉니다. 그 순간 두 소매는 힘없이 수직으로 툭 떨어집니다. 학생은 계속해서 말했습니다. "교수님. 보시다시피 저는 두 팔이 없는 장애우입니다. 팔이 없는 것이 계면쩍어 습관대로 팔짱을 끼었을 뿐이지, 교수님의 강의에 흥미가 없어서 그랬던 건 결코 아닙니다." 이제 크게 당황할 수밖에 없었던 건 교수였습니다.

이 장애인에 대한 이야기는 실화입니다. 그런데 말입니다. 우리 모두는 태어날 때부터 장애를 갖고 태어납니다. 하늘은 사람을 빚으실 때 남녀를 구분하시고, 사람이 갖추어야 할 덕목이나 능력을 반분해서 절반은 남자에게 다른 절반은 여자에게 주셨습니다. 남자는 강하고 여자는 부드럽습니다. 남자는 대범하고 여자는 치밀합니다. 그리고 남자에게는 호탕하게 웃는 능력을 주셨고 여자에게는 애절하게 울 수 있는 능력을 할애하셨습니다. 그렇기 때문에 남녀가 결합할 때 비로소 온전하고 완벽한 인간이 될 수 있는 겁니다. 이는 남녀가 결합해야 하는 신학적·철학적 이유입니다.

남녀가 만나 가정을 이루는 또 다른 이유가 있습니다. 그것은 사회학적 이유입니다. 우선 가정은 대를 이어나가기 위해서도 그렇지만, 역사를 이어나가기 위해서도 필수적입니다. 그리고 가정의 사회적 역할 하나가 더 있습니다. 즉 가정은 사랑을 만들고 가정에서 만들어진 사랑이 이웃으로 사회로 그리고 세계로 번져갑

듣고 싶은 스피치, 간직하고 싶은 스피치

니다. 그래서 이웃, 사회, 지구촌을 아름답고 평화롭게 만듭니다.

영국의 문인 허버트 웰스가 말했습니다. "가정이야말로 고달픈 인생의 안식처요. 작은 사람이 커지고 서로 사랑하고 사랑받는 곳이다." 여러분은 〈쉰들러 리스트〉라는 영화를 보셨을 겁니다. 히틀러의 잔학성을 고발하는 영화죠. 히틀러가 사람의 탈을 쓰고도 그토록 잔인했던 까닭은 무엇이었을까요? 사회심리학자들은 그가 가정을 갖지 못했었기 때문이라고 풀이합니다. 이렇게 가정은 사랑을 만들고, 만들어진 사랑이 이웃과 사회로 번져 온 세상을 따뜻하고 평화롭게 만드는 크고 중요한 기능을 수행합니다. 따라서 남녀는 때가 되면 서로 만나 가정을 이뤄야 합니다.

그렇다면 가정을 통해서 만들어지는 사랑의 본질은 도대체 무엇일까요? 선각자들은 사랑을 기쁨이나 즐거움보다 아픔과 고통에 연계시킵니다. 짐승을 봐도 고통 없이 새끼를 분만하는 짐승은 새끼 사랑이 엷습니다. 모든 동물 중에서 자식에 대한 사랑의 농도가 제일 진한 건 사람입니다. 그중에서도 그 농도가 가히 숭고한 수준에까지 다다르는 사랑은 어머니의 자식에 대한 사랑입니다. 이는 열 달 동안 자식을 뱃속에 담고 온갖 고통을 겪어야 하고, 여기에 더해 산통은 물론 양육에 따르는 아픔까지 겪어야 하기 때문이라고 합니다. 그래서 말합니다. '아이 못 낳아본 여자는 아직 여자가 아니라고.'

그렇습니다. 밤이 어두울수록 별이 빛나듯, 즐거울 때 보다 슬

플 때, 건강할 때 보다 아플 때, 그리고 있을 때 보다 없을 때 사랑은 진가를 발휘합니다.

그러나, 그러나 말입니다. 가정을 이뤘다고 해서 사랑이 저절로 생성되지 않습니다. 사랑은 가꿔야 합니다. 그러기 위해 우선, 주는 것을 익히고 생활화해야 합니다. 헤르만 헤세의 말입니다. "인생에 주어진 가장 중요한 책무는 행복해지는 것이다. 그리고 행복에 이르는 지름길은 베풀고 주는 것이다." 그러니까 주면 행복도 얻고 사랑의 텃밭도 일구게 됩니다. 사랑 가꾸기 일환으로 해야 할 두 번째 일은 사랑을 받을 수 있도록 노력하는 것입니다. 그리고 사랑받을 수 있도록 노력한다는 것은 스스로를 아름답게 가꾼다는 것을 의미합니다. 사람은 아름다운 것, 아름다운 사람을 사랑하니까요.

그렇다면 무엇이 사람을 아름답게 만드나요? 하나는 지성이고, 둘은 성실성이며, 셋은 덕성입니다. 지성은 넓게 깊게 아는 것을 의미하며 사람에게 균형미를 갖게 합니다. 성실성은 일을 앞에 놓고 이루기 위해 노력을 아끼지 않는 성향이며, 신뢰라는 아름다움을 불러오지요. 하지만 사람을 아름답게 만드는 가장 결정적인 요인은 덕성입니다. 이는 다른 사람에 대한 배려, 존중, 헌신입니다.

헐리우드 배우 오드리 헵번은 청초한 외모의 아름다움 때문에 온 세상의 사랑을 받았지만 정작 그가 세계 팬들의 사랑을 한 몸에, 그리고 지속해서 받은 이유는 그의 샘솟듯 마르지 않는 덕성 때문이었습니다. 그는 인기 절정에서 명예와 돈을 뒤로한 채 아프리카의 오지로 건너갑니다. 그리고 어린이들을 굶주림과 병마로부터 지키기 위해 안간힘을 썼습니다. 그러다가 결국 암을 얻어 세상을 등집니다. 그 무렵 자녀에게 말했답니다. "애들아. 왜 신이 사람에게 두 개의 손을 주셨는지 아느냐? 하나는 자신을 위해서, 그리고 다른 하나는 이웃을 위해서 쓰라고 주신 것이란다." 그리고 이렇게 말합니다. "애들아. 예쁜 눈이 갖고 싶으냐? 그렇다면 남의 좋은 점을 봐라. 예쁜 입이 갖고 싶으냐? 그렇다면 남을 칭찬해라. 그리고 아름다운 몸매도 갖고 싶겠지. 그러려면 네가 먹을 것을 이웃에 주어라."

여러분. 누가 이 여인을 아름답다 하지 않을 수 있겠습니까? 여러분. 누구라서 이 여인을 사랑하지 않을 수 있겠습니까? 그이는 영국인들의 신뢰를 받는 일간지 데일리 미러에 의해 세계에서 가장 아름다운 여인으로 뽑힙니다.

이제 주례사를 마감하겠습니다. 신랑 신부는 이미 아름답습니다. 상당 수준의 지성, 성실성, 덕성을 쌓았습니다. 가정에서 학교에서 그리고 직장에서 말입니다. 따뜻한 가정에서 자랐고, 명문 대학에서 연찬했으며, 남들이 부러워하는 직장을 다녔습니다. 그러나 신랑과 신부에게 간곡히 청합니다. 이미 쌓은 아름다움 위에 더 많은 아름다움을 쌓고 또 쌓아서 서로의 사랑 받고 이웃의 사랑 받는 귀한 부부가 되어주세요. 간곡하게 청합니다.

감사합니다.

주례사 3

신랑과 신부는 이 순간부터
하나가 아니라 둘이고, 둘이 아니라 하나입니다

... 프랑스의 철학자 장 자크 루소는 우리에게 권고합니다. "자연으로 돌아가라! 자연으로 돌아가라!" 자연에는 아름다움, 진실함, 질서가 숨어있고, 그것들을 찾아내서 배워야 한다는 충고입니다. 그런데 우리는 차분히 자연을 살펴볼 수 있는 여유를 갖지 못한 채 비껴가곤 합니다. '逐鹿者(축록자)는 不見山(불견산)이라' 사슴을 쫓는 사냥꾼은 산을 보지 못하는 법이니까요. 먹고 사는 일에 쫓겨 자연을 못 보는 겁니다. 그러나 우리는 아름다워지기 위해, 진실되기 위해, 그리고 질서를 회복하기 위해 자연을 찾아 배워야 합니다.

그렇다고 자연을 만나기 위해 반드시 멀리 떠날 필요는 없습

듣고 싶은 스피치, 간직하고 싶은 스피치

니다. 우리 주변에도 자연과 자연현상은 지천으로 널려 있으니까요. 예컨대 겨울이 왔을 때 머리를 들어 하늘을 올려다보면 줄지어 나르는 기러기를 어렵지 않게 볼 수 있습니다. 그리고 한번쯤은 신비롭게 생각했을 겁니다. '어떻게 저토록 질서 정연하게 대오를 유지하며 날 수 있을까?' 하고 말입니다. 그것에 대한 동물학자와 공간학자의 답은 이렇습니다. 동물을 포함해서 모든 생물은 자기 생활을 위해 최소한의 자기 공간을 확보하려는 성향이 있는가 하면, 그중에서도 기러기처럼 무리를 지어 사는 동물은 이웃과 거리가 멀어질 때 불안을 감지하기도 한다는 것입니다. 이런 두 가지 성향이 동시에 작용하여 기러기는 날 때 이웃과 너무 멀지도 너무 가깝지도 않게 일정한 간격을 유지하며 난다는 설명입니다.

그런데 말입니다. 신기하게도 우리 조상들은 기러기를 혼례의 상징으로 삼아왔습니다. 왜였을까요? 우선 기러기는 공동생활, 사회생활을 잘하는 동물로도 알려져 있습니다. 그러나 부부간의 사랑이 가장 지고지순한 새라는 이유가 더 크게 작용했을 것이라는 설명이 우세합니다.

주례는 지금부터 기러기의 이 두 가지 특성과 연계해서 신랑과 신부에게 당부하려 합니다. 신랑과 신부는 이 순간부터 하나가 아니라 둘이라는 점을 명심해야 합니다. 하나와 둘의 수학적 차이는 1에 불과하지만 사회학적 차이는 매우 큽니다. 하나는 개인이지만 둘은 사회이기 때문입니다. 가정은 부부와 자녀로 구성되는 사회입니다. 사회가 유지되려면 구성원이 서로의 존재를 인정하고 서로 도우며, 각자 주어진 책임을 성실히 이행해야 합니다. 기러기는 만 리를 난다고 하여 '鵬程萬里(붕정만리)'란 말이 생겼습니다.

어떻게 만 리를 나는 것이 가능할까요? 한 줄로 대오를 지어 날를 때 맨 앞에 있는 기러기가 맞바람을 갈라 뒤따라오는 동료들이 쉽게 날도록 합니다. 그러다가 맨 앞의 기러기가 지치면 그 기러기는 맨 뒤로 물러나고 두 번째 기러기가 앞으로 나아가 선두의 역할을 맡습니다. 그리고 나머지 기러기들은 소리를 내어 맨 앞의 동료는 물론 서로를 격려합니다.

이제 신랑 신부에게 두 번째 당부를 할 차례입니다. 신랑과 신부는 이제 둘이 아니라 하나임을 명심하기 바랍니다. 둘이 아닌 하나가 된다는 것은 서로를 자기 안에 내포하는 사랑을 한다는 것을 의미합니다. 남을 내 안에 품는 사랑의 으뜸은 어버이의 자식에 대한 사랑입니다. 설사 그 경지에는 못 미친다고 하더라도 부부는 서로를 위해 헌신하고 희생할 각오가 되어 있어야 합니다.

세계 독자의 심금을 울려줬던 책으로 『마음을 열어주는 101 가지 이야기』라는 책이 있습니다. 그 책에 있는 이야기입니다. 어느 기독교 신자가 잠을 자며 하느님을 현몽합니다. 꿈에서 하나님이 말씀하십니다. '애야! 저 바닷가에 펼쳐진 모래사장이 보이렷다? 그리고 모래 위에 꼭꼭 찍힌 두 줄기 발자국도. 저 두 줄기 발자국 중 하나는 네 것이고, 다른 하나는 내 것이다. 저렇게 네 일생 동안 나는 너를 지키며 함께 걸어왔느니라.'

그런데 이 말씀을 들은 신자가 주의 깊게 살펴보니 두 줄기 발자국 중 한 줄기가 간간히 끊겨 있고 그때가 바로 자기가 어렵거나 고통받던 때라는 것을 알게 됩니다. 그래서 신자는 하나님께 이렇게 항의합니다. '하나님! 하나님께서는 제 일생동안 저를 지키시며 제 곁에서 동행해주셨다고 하셨는데, 저 발자국 좀 자세히 보십시오. 한 줄기가 간간히 끊겨 있고 그때가 제가 어렵거나 고통스러운 때였습니다. 그러니까 하나님께서는 제가 막상 어렵고 고통스러울 때는 제 곁을 떠나셨다는 말이 되지 않습니까?' 이 항의를 들으신 하나님은 빙그레 웃으시면서 해명하셨습니다. '얘야! 그건 그래서가 아니라 네가 어렵고 고통스러울 때마다 내가 너를 들어 올려 가슴에 안고 걸었기 때문에 두 줄기 발자국 중 한줄기만 남게 된 것이다.'

신랑 신부는 이 순간부터 이 장면을 머리와 가슴에 새기십시오. 신랑과 신부는 이제 좌우로 나란히 서서 같이 설정한 목표를 향해 걸어 나갑니다. 두 줄기 발자국을 남기면서. 그러다가 어느 하나가 지치거나 아프면 다른 하나가 그를 들어 가슴에 안고 걷습니다. 한 줄기 발자국만 남게 될 것입니다.

주례사를 마감하겠습니다. 신랑과 신부는 최고의 지식인이고 전문인입니다. 사람의 건강을 책임져야 하는 약사입니다. 따라서 서로를 위해 헌신하고 봉사하는 것만으로는 부족합니다. 환자는 물론 사회를 위해서도 헌신 봉사는 부부가 되어주시기를 간절히 청합니다. 그래서 서로는 물론 이웃으로부터도 사랑과 존경받는 지도자적 부부가 되어 줄 것을 간곡히 바라고 청합니다.

감사합니다.

듣고 싶은 스피치, 간직하고 싶은 스피치

8

서강을 떠나며
스스로와 후배들에게 당부하다

Cafe Terrace at Night. Vincent Van Gogh, 1988

나 자신의 정년퇴임사는 내가 내 삶을 되돌아본 것이다.
치열하게 살았고 그래서 제법 남다른 실적도 쌓았으므로 불필요하게
겸손하지 않으려고 했다. 이는 뒤따라오는 후배들에게 일러주고 싶은
말이기도 했기에.

나는 세 번의 정년퇴임식을 갖는 호화를 누렸다. 한 번은 대학본부가,
또 한 번은 경영대학이, 그리고 마지막 한 번은 경영대학원 동문회가
주선해주었다. 여기 올린 두 편의 퇴임사는 각각 대학본부와 경영대학이
마련한 퇴임식에서 말한 것이다. 전체 교수 앞에서 말한 퇴임사는
아쉽게도 끝맺음하지 못했다. 목이 메어서였다. 두 번째 퇴임사는
경영대학 교수들과 내빈들 앞에서 말한 것인데 이는 당시 총장의 지시로
퇴임식 후 한동안 대학 게시판에 올려져 있었다고 들었다.

상남경영학자상은 원로경영학자에게 주는 매우 명예로운 상으로
수상자는 약 40분간 스피치를 하는 게 관행이다. 이 스피치에서 나는
후배들에게 경고했다. 우리 경영학과 교수들이 지금껏 자신들도 모르는
사이에 물질 위주의 일그러진 행복관과 가치관을 학생들에게
심어왔는데 이는 즉시 그리고 심각하게 재고되어야 할 것이라고.
아울러 이를 대체할 새로운 행복관과 가치관을 개발하는 일은
빠를수록 좋을 것이라고.

이 스피치만큼은 꼭 후배 교수들의 뇌리에 남았으면 좋겠다.
그리고 더 나아가 이들의 호응까지도 얻을 수 있다면 얼마나 좋겠는가.

나의 정년퇴임사 1

서강의 교수라는 이유만으로 많은 것을 누리고 떠납니다

...　　　　일주일이 멀다하고 제 연구실을 찾아주는 학생이 있었습니다. 그는 어려서 소아마비를 앓아 보행이 자유롭지 못했습니다. 그렇기 때문에 목발에 의지해 K관 4층에 있는 내 연구실까지 오르려면 적지 않은 고통을 감내해야 했을 것입니다. 학생은 4학년에 진급을 했고, 진급한 지 두 달쯤 되었던 어느 날, 다시 제 연구실을 찾아와 물었습니다. "교수님! 결코 쉽지는 않았지만 그래도 부모님 덕에 이제 대학을 마칠 수는 있게 되었습니다. 그런데 졸업한 뒤에는 무엇을 해야 하나요? 부실한 이 몸을 가지고 어떻게 살아가야 하나요?" 다행히 언젠가는 이 학생이 이런 질문을 해 올 것을 예상해서 제게는 준비해둔 답이 있었습니다.

"김 군! 결론부터 말하지. 미국으로 유학을 가게. 무엇보다도 미국 사람들은 장애인을 이상한 눈으로 보지 않으니 마음이 편할걸세. 그리고 미국에는 장애인을 위한 온갖 편익 시설이 완비되어 있어서 육체적으로도 편할걸세. 예컨대 대부분 장애인들이 스스로 자동차를 몬다네. 그리고 생각해보게. 자네가 육체적으로 남들과 대등하게 경쟁할 수 없다면 다른 능력을 갖춰야 되지 않겠나? 유학 가서 학위에 도전하게나. 서강 졸업생만큼 미국 유학을 위해 잘 준비된 학생이 없어. 대부분 과목을 원서로 공부하지 않았나? 그리고 자네 능력과 성실성 내가 알잖아. 자네 성공 내가 보증함세."

그렇게 김 군은 미국으로 유학을 떠났습니다. 그리고 그가 석사학위 과정을 끝내갈 즈음 김 군이 공부하던 시카고를 방문할 기회가 있었습니다. 전화를 걸어 북쪽의 어느 한식당에서 저녁을 함께하기로 약속했습니다. 제가 식당에 도착했을 때, 그는 이미 와 있었습니다. 들어서는 날 발견하자 그는 벌떡 일어나 내 쪽으로 달려왔습니다. 그리고는 마침내 목발을 집어 던지고, 내 품에 와락 안겼습니다. 그리고 울부짖었습니다. "교수님, 감사합니다. 교수님 감사합니다. 교수님이 말씀해주신 그대로입니다. 이상한 시선으로 저를 보는 사람도 없고, 온갖 장애인 편익 시설이 손닿는 곳에 널려 있습니다. 저 자동차가 제가 몰고 온 자동차입니다. 교수님! 무엇보다도 앞이 보입니다. 사는 데 자신감이 생겼습니다." 그렇게 스승과 제자는 한동안 부둥켜안고 흐느꼈습니다.

서강 교수 여러분! 지금까지 장황하게 말씀드린 이 이야기는
제 뇌리와 가슴에 깊이깊이 각인되어 있습니다. 제가 어디 가서
이런 소중한 경험을 할 수 있었겠습니까. 서강이 아니고 말입니
다. 서강이 제게 준 것이 이것뿐이 아닙니다. 전 단지 서강의 교수
라는 이유만으로 가는 곳마다 분에 넘치는 대접을 받았습니다. 제
가 결코 탐하거나 구걸하지 않았습니다. 그러나 학회에 가면 부회
장, 회장 자리를 주었고, 정부 기관에 가면 위원, 위원장 직책이 기
다리고 있었으며, 기업체에서는 자문위원이나 자문위원장에 선임
되곤 했습니다.

서강은 이렇게 최고의 대학이었습니다. 그래서 인정받고 높임
을 받을 수 있었습니다. 교육 전문가인 폴 크레인이 1967년에 그
의 저서인 『The Patterns』에서 언급한 바가 있습니다. "서강은 한
국의 대학교육을 혼돈에서 건져내고 있는 대학이다." 그런데 말
입니다. 바로 이 시점에서 서강을 객관적으로 다시 평가한다면 그
위상은 과연 어디쯤일까요? KDI 스쿨의 어느 교수가 제게 들려준
말입니다. "곧 정년퇴임 하신다니 귀띔해드리는 겁니다. 이 교수
님을 포함해서 내가 만난 서강 교수들은 하나같이 서강이 아직도
맨 윗자리에 있다고 생각하는 것 같습니다. 과연 그럴까요?" 피가
역류하는 것 같았습니다. 아니 피가 멎는 줄 알았습니다. 여러분
이 이 말을 들었어도 같았을 것입니다. 그러나 이제 서강이 더 이
상 최고가 아님을 인정할 때입니다. 서강이 최고의 자리에서 밀려

났음을 받아들여야 합니다. 흠결을 인정하지 않고는 고칠 수 없습니다. 위기에 서 있음을 인지하지 않고는 탈출이 불가능합니다.

그렇다면 서강이 지금의 위기에서 벗어나 옛날의 영광을 되찾으려면 무엇을 어떻게 해야 할까요? 첫째, 서강이 처한 현 위기의 심각성과 절박성을 구성원 모두가 뼛속 깊이 인지해야 합니다. 둘째, 위기를 타개할 획기적이고 차별화된 전략을 개발해야 합니다. 평범한 수준의 전략으로는 역부족입니다. 경쟁 대학이 채택한 전략으로는 뒤쫓는 것은 가능할지 모르지만 추월은 불가능합니다. 셋째, 전략을 선택하고 추진하는 과정에서 서강 구성원 모두는 권한을 송두리째 포기하고 오직 책임에 충실해야 합니다. 예수회와 법인은 필요한 경우 소유권과 경영권까지도 포기할 각오가 되어 있어야 합니다. 여타 구성원은 각각 자기를 버리고 하나로 결집해서 오직 책무에 충실해야 합니다. 마지막으로, 경쟁 상황에서 잃어버린 입지를 회복하려면 두 배, 세 배의 노력이 필수적임을 알아야 합니다. 피나는 노력, 뼈를 깎는 헌신 없이 옛날을 되찾는 것이 불가능하다는 것을 숙지해야 합니다.

저는 5년 뒤의 서강을 그려봅니다. 10년 뒤의 서강을 꿈꿔봅니다. 서강이 옛날의 자랑과 긍지를 되찾고, 우리 교수님들이 서강의 교수라는 이유만으로 사회의 높임을 받으며, 우리 학생들이 서강의 학생임을 자랑스러워하는 그런 모습을 꿈꿔봅니다.

미국 시인 에밀리 디킨슨이 말했습니다. "기진맥진해서 땅에 떨어진 울새 한 마리를 다시 둥지에 올려놓는 이가 있다면 그 삶은 헛된 것이 아니다." 하물며 꿈 많은 젊은이의 삶의 질과 행복을 책임져야 할 서강을 제자리로 올려놓는 일이야말로 얼마나 보람된 일이겠습니까?

사랑하는 동료 교수 여러분! 오늘 저는 여러분 곁을 떠납니다. 서강을 떠납니다. 옛날을 되찾기 위한 여러분의 위업에 더 이상 힘을 보탤 수 없습니다. 안타깝습니다. 송구합니다. 정년퇴임이라는 핑계로 오늘부터 저는 뛰지 않고 걸어도 됩니다. 카페인이 든 커피를 마시고 깨어있는 대신 알콜이 든 포도주를 마시고 조금은 흐트러져도 된답니다.

서강을 떠나는 지금의 심경은 섭섭하지만 홀가분합니다. 단, 한 가지 제 어깨와 가슴을 내리누르는 짐 하나가 있습니다. 현리 땅 5만 평입니다. 가슴 따뜻하고 올곧은 인재를 양성하는 데 긴히 쓰겠다고 큰소리치며 얻은 땅입니다. 그런 목적에 쓰겠다면 당장이라도 가져가라며 55억 짜리 땅을 헌 신짝 벗어주듯 기증해온 땅입니다. 이 땅을 쾌척한 이철우 회장은 이 땅이 약속대로 쓰이는 것을 보지 못하고 환갑도 못 채운 나이에 저세상으로 떠나셨습니다. 사랑하고 존경하는 이 회장님! 이 회장님과의 약속을 못 지킨 채 오늘 서강을 떠납니다. 언젠가는 이 세상도 떠나게 되지 않겠습니까? 하늘에서 만나면 그때 엎드려 사죄하리라.

친애하는 동료 교수 여러분! 안녕히 계십시오.

나의 정년퇴임사 2

여러분이 주신 사랑만으로도
나는 행복했습니다

…　　　　제가 대외부총장으로 발전기금을 모으기 위해 동분서
주할 때, 저를 아끼는 친구 하나가 이렇게 말했습니다. "그렇게 만
나는 사람마다 돈 내라고 성가시게 굴면 자네 정년 퇴임식에는 와
주는 사람이 없어서 식장이 썰렁할 걸세." 그런데 오늘 전혀 그렇
지 않습니다. 많은 분들이 와주셨네요. 제가 하는 일에 늘 격려와
지원을 보내주셨던 박홍 이사장님, 학교 발전을 위해 노심초사하
시는 손병두 총장님, 제가 항상 흠모하고 따르는 송자 대교 회장
님, 선배랍시고 내게 늘 앞자리를 내주었던 정창영 연세대학교 총
장님, 교수님들, 직원 선생님들, 각급 동문회 임원 여러분, 밖으로
부터 와주신 귀빈 여러분, 그리고 이 자리에는 못 오셨지만 꽃과

서강을 떠나며 스스로와 후배들에게 당부하다　　　　213

축전으로 마음을 보내주신 친지 여러분 감사합니다.

정년퇴임을 한다니까 많은 분들이 이런 질문을 해오셨습니다. "이런 경우에, 도대체 축하해야 한다고 해야 합니까, 위로해야 한다고 해야 합니까." 원로 철학자 안병욱 교수께서는 사람은 네 가지를 먹고 산다고 했습니다. 첫째는 밥, 둘째는 사랑, 셋째는 꿈, 그리고 넷째는 자유라고 했습니다. 이 네 가지 중 우선 '밥'에 관해서는 퇴임 후에는 수입이 절반으로 주니 적게 먹어야 할 것이고, 이제까지 살갑게 지내던 서강 가족의 곁을 떠나야 하니 받을 수 있는 '사랑'의 질량도 위축될 것이며, 능력과 정열도 이제 거의 소진되었으니 어디 '꿈'인들 크게 꿀 수 있겠습니까? 퇴임하면서 더 얻는 것이 있다면 오직 '자유'뿐일 것입니다. 그렇다면, 먹고 살아야 할 것 네 가지 중에 셋을 잃고 하나를 얻으니 정년퇴임은 일단 동정과 위로를 받아야 할 일이라고 여기기 십상이겠습니다.

그러나 제 생각은 좀 다릅니다. 어떤 이의 퇴임이 동정을 받느냐 박수를 받느냐 하는 것은 퇴임 후의 모습보다는 퇴임할 때까지의 그의 행적에 달려 있다고 생각합니다. 그가 직장을 사랑했고, 직장을 위해 몸 던져 일했으며, 그래서 마침내 많은 것을 이루었다면 그의 퇴임은 당연히 축하를 받아야 할 것이고, 그 반대의 경우라면 위로를 받아야 마땅하다고 생각합니다.

이 잣대로 제 정년을 평가할 때 오늘 제 정년퇴임은 그런대로 축하를 받아도 괜찮겠다는 오만한 생각이 듭니다. 오늘 이 행사가 기왕에 저를 위해 만들어주신 자리이니만큼 지금부터 드리는 말씀이 다소 자화자찬이 되더라도 용서해주시기 바랍니다. 쑥스러움을 무릅쓰고 이런 말씀을 드리는 것은 바로 이것이 아직 서강에 더 남아서 서강의 발전을 책임져야 할 후배 교수님들에게 남겨주고 싶은 말이기도 하기 때문입니다.

저는 서강에 부임한 지 3년이 되던 해 경영대학원 설립에 힘을 보탰고, 최고경영자 과정을 개설해서 장안의 최고자리에 올려놓았습니다. 그리고 '하버드 비즈니스 리뷰'의 한국판인 '서강 하버드 비즈니스'를 출간하고 정착시켜 경쟁대학의 부러움을 샀습니다. 또한 IBM의 지원을 받아 교과목을 개선하고 당시 최고의 시설이라는 평가를 받던 경영관을 모금으로 건립할 무렵 서강 MBA는 적어도 우리나라에서는 정상에 있었습니다.

무엇보다도 서강 재직 중 가장 감동적이고 그래서 잊을 수 없는 일은 '현리 철우 인성교육원 부지'를 기증받은 것입니다. 이철우 회장이 소유하고 있던 그 땅은 한마디로 별천지였습니다. 오색 꽃이 다투어 피고, 연못에는 금붕어가 여유롭게 놉니다. 뜰에는 사슴이 뛰고 공작이 거닙니다. "저는 여기에 올 때마다 이 아름다운 자연 속에 우리 새내기 학생들을 수용해서 올곧고 가슴 따뜻한 인간으로 교육시킬 수 있으면 참 좋겠다는 생각을 하곤 했습니다." 이 말씀이 제가 이철우 회장님께 드린 말씀의 전부였습니다. "서강이 그런 용도에 쓰신다면 내일이라도 당장 넘겨드리겠습니다."라고 즉석에서 응한 것은 이 회장이었습니다. 그분은 그런 분이셨습니다. 가진 것의 절반을 그렇게 흔쾌히 서강에 주셨습니다. 그분은 아마도 천사였을 것입니다. 그래서 60도 안 된 나이에 그를 하늘에서 데려가셨습니다. 이분이야말로 제가 이 자리에 꼭 모시고 싶었던 분입니다. 이분이 오실 수 없어서 오늘은 대신 이철우 회장님의 부인과 그 가족들이 와주셨습니다. 이분들에게 감사하는 마음, 위로하는 마음으로 박수 보내주시기를 청합니다.

이렇게 헤아려 보니 제가 서강에 있으면서 이루어 놓은 일이 꽤 된다는 생각이 듭니다. 하지만 이러한 업적들은 단지 제게 보람을 줄 수 있을 뿐입니다. 정작 서강에서의 28년이 보람을 넘어 행복했던 이유는 딴 데 있습니다.

빅토르 위고의 『레미제라블』에 있는 말입니다. "인생에 있어서 최고의 행복은 주위로부터 사랑받고 있다는 확신이다." 저는 동료 교수들, 직원들, 제자들 그리고 사회에서 만난 많은 지인으로부터 감당할 수 없을 만큼의 사랑을 받았습니다. 우리 최고 경영자 과정을 담당해서 자기를 불살라 일하다가 젊디젊은 나이에 저세상으로 간 직원이 있었습니다. 그 직원이 제가 경영대학원 원장직을 이임할 때 제게 보낸 글입니다. "계획은 인간이 세워도 이루는 것은 야훼의 몫이라 했습니다. 경영관 건립이 잠시 벽에 부딪혔지만 원장님의 소중한 뜻을 하나님께서 이루어주시리라 믿습니다. 언제나 따뜻한 눈빛과 미소를 주시는 원장님, 그래서 영원히 기억하고픈 원장님, 최고 경영자 과정을 일으켜 쏟으신 열정 이루 다 헤아릴 수 없습니다. 제 마음을 드립니다. 사랑합니다."

저는 서강 안팎에서 일하는 동안 두 가지 삶의 지침을 설정하고 이에 충실하려고 애써 왔습니다. 첫째로 일을 앞에 놓고는 성실하고 강해야 된다고 믿었습니다. 성취는 노력과 헌신의 결과라고 생각했습니다. 그래서 저는 걷는 대신 뛸 수 있었고 알코올이 든 술 대신 카페인이 녹아 있는 커피를 마시면서 깨어 있을 수 있었습니다. 둘째로 사람에 대해서는 부드럽고 충직해야 함을 알았습니다. 그래서 낮은 데 있는 사람을 존중하고 궁지에 빠진 사람에게 손을 내미는 것이 어렵지 않았습니다. 저는 이 두 가지 삶의 지침으로 일을 좋아하게 되었고 이웃의 마음을 얻을 수 있었습니다. 그래서 지난 28년이 그렇게 행복할 수 없었습니다.

이제 저는 서강에서의 생활을 접어야 합니다. 이룰 만큼 이뤄서가 아니라 후배들이 새롭게 더 많은 것을 이루게 하기 위해서입니다. 노자께서 "지지하라, 멈출 줄 알아라"라고 하셨습니다. 불가에도 '照顧脚下(조고각하)'라는 말이 있습니다. 다리 아래, 즉 발걸음을 살피라는 말로, 갈 곳과 아니 갈 곳을 가리고 갈 때와 멈출 때를 헤아리라는 것입니다. 법정 스님은 그의 산문집 『버리고 떠나기』에서 말합니다. "만약 나뭇가지에 철 다한 꽃과 묵은 잎이 매달린 채 언제까지 떨어지지 않는다면 이듬해 봄이 와도 새 꽃과 햇잎이 돋아나지 못할 것이다. 그리고 새꽃, 햇잎이 피지 못하면 그 나무는 성장이 중단되고 끝내 고사하고 말 것이다." 법정 스님은 그런 점에서 후박나무와 은행나무를 예찬하고 개나리와 옥매를 추하고 애처롭게 보았습니다.

이제 서강을 떠나겠습니다. 제게 보람을 주었고 행복을 주었던 무대를 떠납니다. 무대 위에서의 공연이 제아무리 화려했다 할지라도 퇴장하는 배우에게는 다소간의 허탈함이 남게 마련입니다. 지금의 저 자신과 뒷날 제 뒤를 이어 서강 무대로부터 퇴장할 후배 교수님들의 공허함을 위무해드리기 위해 터키 출신의 서정 시인 나짐 히크메트의 시를 남겨 두고 갑니다.

가장 훌륭한 시는 아직 쓰이지 않았다
가장 아름다운 노래는 아직 불리지 않았다
최고의 날들은 아직 살지 않은 날들…
무엇을 해야 할지 더 이상 알 수 없을 때
그때 비로소 진정 무엇인가를 할 수 있다
어느 길로 가야 할지 더 이상 알 수 없을 때
그때가 비로소 진정한 여행의 시작이다

사랑하는 여러분! 여러분 한 분 한 분을 제 가슴 깊은 곳에 담아갑니다. 여러분 대단히 감사합니다. 안녕히 계십시오.

듣고 싶은 스피치, 간직하고 싶은 스피치

경영학 교수의 서가에도
인문·예술서적이 꽂혀 있어야 합니다

···   전용욱 회장님, 상남경영학자상 심사위원 여러분. 그리고 동료 회원 여러분! 오늘 크고 무거운 상을 주셔서 가슴 벅찹니다. 감사합니다.

근자에 두 가지 이야기를 들었습니다. 하나는 미시간대 로널드 잉글하트 교수의 조사 결과입니다. 소득 1만 5천 불을 분수령으로 사람들의 삶의 목표와 행복관이 달라진다는 것입니다. 즉 1만 5천 불 미만의 국민은 물질적 풍요를 추구하고 이를 성취했을 때 행복해하는 반면, 1만 5천 불 이상의 소득을 올리는 국민은 정신적 풍요를 좇고 이것을 얻었을 때 행복해한다는 겁니다.

두 번째 이야기는 미국 카네기 멜런대에 관한 이야기입니다.

대학교육의 기본 방향을 새로 설정하기 위해 실행한 조사에서 매우 의외의 그리고 값진 결과를 얻어냈다는 소식입니다. 졸업생들이 직장에서 성장하고 성취하는 과정을 들여다보니 중간관리자까지 성장하는 데는 업무 능력이 중요한 역할을 하지만, 그 이상으로 성장하는 데는 사회적 능력 내지 인품이 더 결정적인 역할을 하더라는 겁니다. 이 두 가지 정보가 우리에게 시사한 바가 무엇이겠습니까? 이제까지 급격한 성장 과정에서 우리 대학들의 직무 능력개발 위주의 교육이 그런대로 공헌했지만, 앞으로는 보다 품위 있고 성숙한 인재를 양성하는 데 치중해야 함을 암시하는 거라고 판단합니다.

우리나라는 이미 1만 5천 불을 넘어섰고 선진국 진입을 바라보고 있습니다. 그렇다면 품위 있고 성숙한 사람은 어떤 사람을 말하는 걸까요? 서울대 이정전 교수가 주장합니다. "이 시대를 사는 사람이 갖춰야 할 기술은 둘이다. 하나는 생계를 꾸려가기 위한 기술인 생산 기술이고, 다른 하나는 즐겁고 보람된 삶을 가꾸어 나가기 위한 생활 기술이다." 그이는 품위 있고 성숙한 사람을 이 모든 것을 갖춘 사람으로 규정합니다. 그리고 강변합니다. 문화 교육을 통한 생활 기술 제고가 행복 지수를 끌어올리는 비결이라고.

경영학 교수 여러분! 문화 교육은 인문학 교수나 예술을 담당하고 있는 교수들의 몫이라고 생각하고 있으신 것은 아닌가요? 그렇다면 하버드 경영대학원이 로버트 캐플런 교수, 하워드 스티븐슨 교수 같은 행복전문가를 강단에 세운 사건을 어떻게 설명해야 할까요. 그리고 이분들의 강의에 학생들이 구름처럼 몰려들고 있다는 사실은요?

하버드 경영대학원 학생들이 물질적(돈), 사회적(지위와 명예) 성공관, 즉 '행복의 덫'에 갇혀 있다면 우리 경영대학 학생들이 그러할 개연성은 훨씬 더 높을 것이라 확신합니다. 왜냐하면 우리는 아직 국민소득 수준에 있어서 미국에 훨씬 뒤처져 있을 뿐 아니라 초고속 경제 성장 시대의 가치관에서 아직 헤어나지 못하고 있기 때문입니다.

품위 있고 성숙한 인재를 양성해야 함은 우리가 더 절실합니다. 물질 위주, 사회 위주의 성공관, 행복관 즉 '성공의 덫', '행복의 덫'에서 우리 학생들을 구출해야 함은 우리가 더 절실하다는 말입니다. 그리고 이 구출 작전의 맨 앞에 경영학 교수들이 서야 합니다. 왜냐하면 경영학을 공부하는 학생들이 잘못된 가치관을 갖고 있을 개연성이 상대적으로 더 높을 뿐 아니라, 학생들에게 그러한 가치관을 배양한 것이 우리들 경영학 교수들이기 때문입니다.

구체적인 제안 하나 하겠습니다. 이제부터라도 여러분 연구실 책꽂이 30%를 인문·예술 관련 서적으로 채우십시오. 그래서 이 시대가 필요로 하는 인재양성을 위한 준비의 첫발을 내딛읍시다. 우리 제자들을 성숙시키기 위해서, 그리고 우리 스스로 완숙해지기 위해서입니다. 과학자 아이작 뉴턴이 죽기 전 "다시 산다면 무엇을 하시겠습니까?"라는 질문에 답했답니다. "매주 한 두 편의 시를 읽고 한 두 곡의 음악을 들을 것이다." 문학과 예술은 상상력과 창의력을 북돋고 사물의 본질을 보는 안목을 틔워주기 때문이라고 그 이유를 설명했습니다.

지금까지 말씀드린 제 제안에 대해 회의적인 견해를 갖으신 분이 없지 않을 것입니다. 무엇보다도 이러한 교육을 받아들이고 시행할 분위기가 조성되기까지는 긴 토론이 필요하리라 생각하시는 분이 계실 것입니다. 그러니까 적어도 당분간은 기존에 설정한 비전이나 꿈을 좇을 수밖에 없다는 의견이 되겠습니다. 그런 경우라면 제 제안을 꿈 너머에 있는 '제2의 꿈'으로 가지시기를 권합니다. "꿈이 있으면 성공하지만 꿈 너머 꿈이 있으면 위대해진다"는 말이 있습니다.

제 말을 마감하겠습니다. 2006년 3월 저는 서강대학교 경영학과 교수 신분을 벗어났습니다. 정년퇴임을 했습니다. 품위 있고 성숙한 인재 양성을 꿈 너머 꿈으로조차도 품어보지 못한 아쉬움을 안고 말입니다. 여러분이 상남경영학자상을 수상하실 때는 이런 면에서 어떤 미련이나 아쉬움도 없기를 바랍니다. 오로지 자긍심과 포만감으로 충만하기를 바랍니다.

한국경영학회 회원 여러분. 상남경영학자 상을 주심에 다시 한 번 감사드립니다. 고맙습니다.

친지 조사

박내회 교수!
죽음은 생의 종말이 아니라 완성이랍니다

...　　　박내회 교수! 기억하시오? 2005년 박 교수가 서강에서
정년퇴임할 때 나를 내세워 퇴임식 축사를 해달라고 했죠. 겨우
6개월 차이로 먼저 퇴임하면서 말입니다. 그러나 그때 그건 감당
할 수 있었습니다. 그래서 농담까지 해가며 여유를 부릴 수 있었
지요. 그런데, 오늘, 날더러, 박 교수 영결조사를 하라니! 이거 너
무 잔인하지 않소! 날 동료라면서! 날 친구라면서!

　　그러니까 그게 1977년 늦여름이었었지요. 그때 박 교수는 서
강대 경영학과 학과장이었고, 나는 신임 교수였습니다. 내가 박
교수 연구실 문을 들어섰을 때 나를 악수로 맞아주었지요. 그리고
는 자상하게 안내해주었어요. 서강에서의 생활에 추호의 차질이

없도록… 그때 박 교수는 새로 시집온 손아랫동서를 맞이하는 손
윗동서 같았습니다. 한마디로 따뜻하고 부드러웠지요.

지난 토요일, 그러니까 우리가 마지막 만나던 날. 내가 병실 침
상으로 다가가자 박 교수가 내 손을 꼭 잡았죠. 그리고는 놓지 않
았습니다. 그런데 말입니다. 40년 전 당신 손을 처음 잡았을 때와
엊그제 마지막 잡은 당신 손길이 한결같았습니다. 악력, 온도 모
두 놀라우리만큼 똑같았습니다. 박내희 교수! 당신은 그렇게 한결
같고 따뜻한 사람이었습니다.

인도사람들의 정신적인 지주 라즈니쉬의 묘비에 이렇게 쓰여
있답니다. "나는 태어난 적이 없다. 고로 죽지도 않았다. 단지 이
세상을 1931년부터 1990년까지 방문했을 뿐이다." 이 묘비 문구
는 삶의 의미와 방식을 잘 함축하고 있어서 많은 사람의 공감을
얻고 있습니다. 태어나는 것과 죽는 것에 연연하지 말고 생애를
나그네처럼 스쳐지나가라는 충고입니다.

그런데 박 교수는 그렇게 살지 않았습니다. 참으로 열심히 살
았습니다. 마치 꿈을 펼치기 위해 신대륙에 이민 온 사람처럼 말
이지요. 무엇보다도 박 교수는 늘 꿈을 갖고 살았지요. 1980년대
에 들어서면서 미국 위기설이 돌기 시작했습니다. 미국이 곧 망할
것이라고 했습니다. 그 근거는 곤두박질치는 생산성과 도덕적 타
락이었습니다. 그런데 미국이 1990년대 거짓말처럼 되살아나기
시작합니다. 박 교수는 말했습니다. "미국에 부침은 생산성이나

도덕적 타락과도 관련 있지만 그보다는 지적능력이 더 근본적인 원인이다. 앞으로는 지식으로 경쟁해야 할 것이고 대학의 질이 그 나라 경쟁 지위를 결정할 것이다." 이후 박 교수는 더더욱 대학 교육에 집착하고 헌신합니다.

박 교수는 치열하게 살았습니다. 아무것도 가진 것이 없는 사람처럼 말입니다. 그러나 물질을 얻기 위해서가 아니었습니다. 당신의 교육에 대한 소신과 꿈을 가꾸기 위해서였습니다. 당신이 관여하고 헌신한 대학과 연구기관이 국내외 합쳐 다섯 개가 넘는 걸로 알고 있습니다.

그리고 박 교수는 누구보다도 따뜻하게 살았습니다. 따뜻함은 선대로부터 받은 DNA였고, 변함없는 체질이었습니다. 따스한 모닥불 옆으로는 사람들이 모여들게 마련이지요. 그리고 한번 당신 곁으로 다가선 사람은 좀처럼 떠나지 않습니다. 그래서 박 교수 주변은 늘 사람으로 붐볐습니다. 나는 지금껏 살아오면서 그렇게 많은 친구에게 그렇게 끈끈한 정을 주면서 사는 사람을 본 적이 없습니다. 17년 전쯤, 박 교수가 인도네시아 출장 중 비행기 안에서 만난 환자 양천식이라는 분은 그때 박 교수에게 반해서 아직도 박 교수 주변을 맴돌고 있지 않습니까?

박 교수는 성공한 사람입니다. 대성한 사람입니다. 꿈과 소신이 있었고, 치열하게 일했으며, 따뜻했으므로 당신은 성공적인 삶을 살 수 있었습니다. 경영의 귀재 잭 웰치가 말했습니다. "리더가 되기 전 성공이란 자기 자신의 성장을 의미한다. 그러나 리더가 된 다음에 성공이란 다른 사람을 성장케 하는 것이다." 박 교수는 물대고 김매어 이웃의 성장을 도왔고, 도우되 생색내지 않았습니다. 박 교수는 리더였고, 리더로서도 성공했습니다.

박내회 교수! 내가 박 교수의 삶을 성공이라고 규정하는 또 다른 이유가 있습니다. 어느 문인이 말했습니다. "당신이 태어날 때 당신 혼자만이 울고 주위에 모든 사람은 미소 짓는다. 그러나 당신이 세상을 떠날 때는 당신 혼자만 미소 짓고 주위에 모든 사람은 울도록 하는 삶, 그것이 성공이다." 박 교수! 지금 우리 모두는 울고 있습니다. 목 놓아 울고 있습니다.

오늘은 마침 1년 중에 가장 훈훈하다는 크리스마스입니다. 당신 가슴처럼 따뜻한 크리스마스입니다. "죽음은 인생의 종말이 아니라 완성이라."고 합니다. 박내회 교수! 당신 죽음은 분명 종말이 아니라 완성입니다. 이 세상 모든 시름과 미련 거두어 편히 가시오.

2018년 크리스마스 아침에, 친구 이우용